ALPHABET HARMONIEUX.

Cet ouvrage doit porter la signature de l'Auteur. Tout exemplaire qui n'en serait pas revêtu sera réputé contrefait.

Ce livre, qui a plus de 500 pages, forme quatre petits volumes. S'il n'en formait qu'un seul, il serait trop gros pour les enfants : ils le trouveraient trop pesant pour le copier sur les tableaux noirs.

25 *tableaux de lecture sont extraits de cet Ouvrage.*

Dans cette méthode de lecture, on doit faire lire en épelant, par syllabes et couramment. Pour faire lire ainsi, on peut se servir indistinctement de l'ancienne ou de la nouvelle prononciation des lettres. Les deux procédés offrent le même avantage.

Pour enseigner la lecture et l'orthographe élémentaire par l'écriture et la rime, il faut que l'on se serve du tableau noir et de la craie. Les tableaux noirs dont on doit se servir doivent avoir deux ou trois mètres de longueur sur un de hauteur.

Paris. Imp. RENÉ, rue de Seine, 32.

ALPHABET HARMONIEUX

OU

ART D'ENSEIGNER

LA LECTURE ET L'ORTHOGRAPHE ÉLÉMENTAIRE

PAR L'ÉCRITURE ET LA RIME,

PAR BONHOURE.

En rendant la lecture et l'orthographe faciles et agréables, on rend service à la société.

C'est par l'écriture et la rime que l'on enseigne le mieux, le plus vite et le plus agréablement la lecture et l'orthographe.

DEUXIÈME PARTIE.

PARIS
JULES DELALAIN, LIBRAIRE,
RUE DES MATHURINS-SAINT-JACQUES, 5.
Et Chez L'AUTEUR, rue du Four-Saint-Germain, 40.
1847

Un bon alphabet est d'un haut prix ; celui qui peut le produire, produit un des livres les plus utiles à la société.

L'alphabet est le premier livre que lit l'homme ; or, comme c'est le premier, il importe donc qu'il lui plaise, qu'il puisse vite le lire et l'écrire.

Si un alphabet est bien fait, il rend l'apprentissage de la lecture et de l'orthographe élémentaire prompt, facile et agréable ; s'il est mal fait, il le rend, au contraire, long, pénible et rebutant ; il attriste les enfants qui étudient ; il paralyse toutes leurs facultés.

On peut se servir de cet alphabet de deux façons : en le faisant écrire et lire sur les tableaux noirs, ou en le faisant lire comme on fait lire tous les autres alphabets.

Comme toutes les syllabes et tous les mots qui forment les colonnes et les phrases de ce livre sont rangés par classes, gradués et rimés, il en résulte que ce même livre convient parfaitement à toutes les méthodes de lecture, ou à toutes les manières d'apprendre à lire aux élèves commençants.

PLAN DE CET OUVRAGE.

PREMIÈRE PARTIE.

Dédicace.
Préface.
Méthode.
Lettres.
Syllabes.
Mots.
Phrases.
Syllabes accentuées.
Mots accentués.
Phrases à mots accentués.
Substantifs.
Adjectifs.
Participes.
Diverses classes de mots.
Syllabes composées.
Mots composés.
Phrases à mots composés.
»

DEUXIÈME PARTIE.

Racine des verbes.
Première conjugaison.
Colonnes de verbes.
Temps de verbes.
Phrases.
Verbe.
Racine des verbes.
Deuxième conjugaison.
Colonnes de verbes.
Temps de verbes.
Phrases.
Verbe.

TROISIÈME PARTIE.

Racine des verbes.
Troisième conjugaison.
Colonnes de verbes.
Temps de verbes.
Phrases.
Verbe.
Racine des verbes.
Quatrième conjugaison.
Colonnes de verbes.
Temps de verbes.
Phrases.
Verbe.

QUATRIÈME PARTIE.

CINQUIÈME PARTIE.

Remarques. Tant que les élèves n'ont pas écrit et lu les quatre parties de ce livre sur les tableaux noirs, ils ne doivent point écrire sur le papier.

Pour comprendre cette méthode de lecture et d'orthographe, voyez-en la pratique dans la cinquième partie, quatrième volume.

A

LA GARDE MUNICIPALE DE PARIS.

Oui, Messieurs les Gardes, je vous l'ai déjà dit dans mes cours, je vous le répète encore ici, ce n'est que par l'ordre et l'unité que l'homme devient puissant et éclairé; car ce n'est que par cet ordre et cette unité qui naissent chez vous que j'ai pu parvenir à me faire comprendre du gouvernement, et à publier alors cet ouvrage, qui vous a paru bon et utile à la société.

Quand, Messieurs les Gardes, je me suis présenté à vous et à vos chefs, quand je vous ai parlé de mes œuvres et de mes misères, vous vous êtes tous montrés attentifs et obligeants, vous avez tous voulu connaître ma science et la pratiquer.

Dans ce bel acte, dans cet acte, Messieurs, qui

vous honore et que j'estime, vous avez fait plus que de vous montrer amis et protecteurs de la connaissance et de l'utile; vous vous êtes aussi montrés humains; vous m'avez aussi offert et ouvert vos bourses dont j'avais un grand besoin.

Or, comme vous avez agi ainsi envers moi, comme j'ai vu naître en vous le vrai homme, l'homme que je veux créer, je ne puis taire une telle action, je me hâte de l'annoncer à toute la France, de la presser de partager ma joie et ma reconnaissance, ou cette joie et cette reconnaissance avec lesquelles je suis,

Messieurs les Gardes,

Votre ami tout à vous.

BONHOURE.

PRÉFACE.

Cet alphabet, soit pour le fond, soit pour la forme, n'a rien de commun avec les autres alphabets; il ne leur ressemble d'aucune manière. Ici, on ne voit point, comme ailleurs ou comme dans tous les livres pareils à celui-là, une lecture et une orthographe sans ordre et sans principe.

On ne voit ici que de l'ordre et de l'harmonie, que de la gradation. On ne trouve, depuis le commencement de ce livre jusqu'à la fin, que des exemples de lecture et d'orthographe propres à exciter et à développer les esprits les plus obtus, ou convenables au goût et à l'intelligence des enfants.

Par les exemples de lecture et d'orthographe dont nous parlons, les enfants apprennent vite à lire et à orthographier; ils ne parcourent pas des sentiers tortueux et raboteux. Ils marchent de suite sur une route droite et douce; ils la suivent avec plaisir et facilité.

Si cet alphabet conduit promptement les enfants à savoir lire et orthographier, cela provient, en général, de ce qu'il renferme de nombreux exercices de lecture et d'orthographe, et de ce que ces exercices sont appropriés au goût et à l'intelligence des jeunes élèves.

Ce qui fait que les exercices de lecture et d'orthographe que renferme cet ouvrage sont commodes à lire et à orthographier, provient encore de ce qu'ils ont de l'ordre et de l'harmonie, de ce qu'ils sont rangés par classes et gradués, de ce que toutes les syllabes et tous les mots qui les forment ont, les unes le même nombre de lettres, et les autres le même nombre de syllabes.

Pour que les enfants se plaisent à lire et à orthographier, pour qu'ils puissent vite apprendre, il ne faut pas qu'on leur donne de suite des syllabes et des mots difficiles à lire et à écrire; il faut qu'on leur donne les plus commodes, que l'on ne présente à leurs yeux et à leur esprit que ce qu'ils peuvent saisir et retenir. Cette marche est celle que nous avons suivie dans toute l'étendue de ce livre.

Si, pour enseigner la lecture et l'orthographe aux enfants, vous leur présentez de suite des syllabes et des mots difficiles à lire et à orthographier, et qui ne soient pas rangés par classes et gradués, qui n'aient point de rime, vous les rebutez, vous leur faites détester l'art qu'ils étudient, vous surchargez leurs forces; ils ne peuvent marcher sous le poids qui les accable; ils tombent toujours à chaque pas qu'ils font. Pour bien enseigner à ceux-ci la lecture et l'orthographe, ce n'est pas ainsi que l'on doit s'y prendre; on doit procéder avec plus d'ordre et de connaissance.

Nous avons reconnu, par un grand nombre d'essais et par une longue expérience, que, pour enseigner convenablement la lecture et l'orthographe, il faut que l'on offre d'abord toutes les syllabes et tous les mots les plus faciles à lire et à écrire, qu'on les range par classes, qu'on les gradue et qu'on les rime. Par ce procédé, on conduit les enfants de fleurs en fleurs; ils apprennent à lire et à orthographier avec ordre et par principes, sans s'en apercevoir, sans aucune peine.

Si cet ouvrage est supérieur à ceux de son genre, s'il doit cette supériorité à la classification des syllabes et des mots, à la gradation et à la rime, c'est surtout par l'orthographe régulière, principalement par celle des verbes. C'est là la partie tout à fait neuve et avantageuse, c'est là ce que l'on ne voit nulle part, pas plus dans les grammaires que dans les alphabets.

Cet alphabet, soit pour le fond, soit pour la

forme, est peut-être assez bien conçu et assez bien ordonné pour qu'il ne faille, si on le suit bien, qu'une seule année pour enseigner passablement la lecture et l'orthographe aux élèves commençants, aux élèves qui n'en ont aucune connaissance, aucune idée.

Quoique ce livre nous paraisse assez bien conçu et assez bien ordonné, nous ne le regardons pas néanmoins comme entièrement fini; nous le croyons encore susceptible de quelques modifications, surtout dans certaines parties. Pour le moment, nous n'apercevons point ces modifications; nous attendons qu'elles s'offrent d'elles-mêmes.

La critique est aisée, et l'art est difficile.

BOILEAU.

Cet ouvrage, tout alphabet qu'il est, demande plus de connaissances qu'on ne le pense; l'expérience seule peut le prouver.

DEUXIÈME PARTIE.

CHAPITRE PREMIER.

Racine des Verbes.

Ire CONJUGAISON.

INFINITIF. Présent.	INDICATIF. Présent.	
—	*1re personne du sing.*	*2e personne du sing.*
Pa ver	Je pa ve	Tu pa ves
Ba ver	Je ba ve	Tu ba ves
La ver	Je la ve	Tu la ves
Ri mer	Je ri me	Tu ri mes
Dî mer	Je dî me	Tu dî mes
Li mer	Je li me	Tu li mes
Mâ ter	Je mâ te	Tu mâ tes
Gâ ter	Je gâ te	Tu gâ tes
Tâ ter	Je tâ te	Tu tâ tes
Ti rer	Je ti re	Tu ti res
Vi rer	Je vi re	Tu vi res
Ci rer	Je ci re	Tu ci res
Po ser	Je po se	Tu po ses
Do ser	Je do se	Tu do ses

RACINE DES VERBES.

Ire CONJUGAISON.

INFINITIF.	INDICATIF.					
Présent	Présent.					
—	1re *pers. du s.*	2e *pers. du s.*	3e *pers. du s.*	1re *pers. du pl.*	2e *pers. du pl.*	3e *pers. du pl.*
Pa ver	Je pa ve	Tu pa ves	Il pa ve	Nous pa vons	Vous pa vez	Ils pa vent
Ba ver	Je ba ve	Tu ba ves	Il ba ve	Nous ba vons	Vous ba vez	Ils ba vent
La ver	Je la ve	Tu la ves	Il la ve	Nous la vons	Vous la vez	Ils la vent
Ri mer	Je ri me	Tu ri mes	Il ri me	Nous ri mons	Vous ri mez	Ils ri ment
Dî mer	Je dî me	Tu dî mes	Il dî me	Nous dî mons	Vous dî mez	Ils dî ment
Li mer	Je li me	Tu li mes	Il li me	Nous li mons	Vous li mez	Ils li ment
Mâ ter	Je mâ te	Tu mâ tes	Il mâ te	Nous mâ tons	Vous mâ tez	Ils mâ tent
Gâ ter	Je gâ te	Tu gâ tes	Il gâ te	Nous gâ tons	Vous gâ tez	Ils gâ tent
Tâ ter	Je tâ te	Tu tâ tes	Il tâ te	Nous tâ tons	Vous tâ tez	Ils tâ tent
Ti rer	Je ti re	Tu ti res	Il ti re	Nous ti rons	Vous ti rez	Ils ti rent
Vi rer	Je vi re	Tu vi res	Il vi re	Nous vi rons	Vous vi rez	Ils vi rent
Ci rer	Je ci re	Tu ci res	Il ci re	Nous ci rons	Vous ci rez	Ils ci rent.

CHAPITRE DEUXIÈME.

Colonnes de Verbes.

Ire CONJUGAISON.

INDICATIF.

Présent.

1re *pers. du sing.*	2e *pers. du sing.*	3e *pers. du sing.*
Je pa ve	Tu pa ves	Il pa ve
Je ba ve	Tu ba ves	Il ba ve
Je la ve	Tu la ves	Il la ve
Je ri me	Tu ri mes	Il ri me
Je dî me	Tu dî mes	Il dî me
Je li me	Tu li mes	Il li me
Je mâ te	Tu mâ tes	Il mâ te
Je gâ te	Tu gâ tes	Il gâ te
Je tâ te	Tu tâ tes	Il tâ te
1re *personne du pl.*	2e *personne du pl.*	3e *personne du pl.*
Nous pa vons	Vous pa vez	Ils pa vent
Nous ba vons	Vous ba vez	Ils ba vent
Nous la vons	Vous la vez	Ils la vent
Nous ri mons	Vous ri mez	Ils ri ment
Nous dî mons	Vous dî mez	Ils dî ment
Nous li mons	Vous li mez	Ils li ment
Nous mâ tons	Vous mâ tez	Ils mâ tent
Nous gâ tons	Vous gâ tez	Ils gâ tent
Nous tâ tons	Vous tâ tez	Ils tâ tent

Temps de verbes.

Présent.

Je pa ve	Je ri me	Je mâ te
Tu pa ves	Tu ri mes	Tu mâ tes
Il pa ve	Il ri me	Il mâ te
Nous pa vons	Nous ri mons	Nous mâ tons
Vous pa vez	Vous ri mez	Vous mâ tez
Ils pa vent	Ils ri ment	Ils mâ tent

Phrases.

Présent.

Je ti re du ci dre des pom mes.
Tu par les à ces trois hom mes.
Il dic te tou te u ne pa ge.
Nous pré fé rons son ci ra ge.
Vous al lez à la mes se.
Ils mon trent leur a dres se.

Colonnes de Verbes.

Personnes du nombre singulier.

1re personne.	*2e personne.*	*3e personne.*
1 Je pa ve	2 Tu pa ves	3 Il pa ve
Je ba ve	Tu ba-ves	Il ba ve
Je la ve	Tu la ves	Il la ve
Je ri me	Tu ri mes	Il ri me

Personnes du nombre pluriel.

1re personne.	*2e personne.*	*3e personne.*
4 Nous pa vons	5 Vous pa vez	6 Ils pa vent
Nous ba vons	Vous ba vez	Ils ba vent
Nous la vons	Vous la vez	Ils la vent
Nous ri mons	Vous ri mez	Ils ri ment

CONSTRUCTION D'UN TEMPS DE VERBE.

INDICATIF.

Présent.

1re *pers. du sing.*	1 Je pa ve
2e —	2 Tu pa ves
3e —	3 Il pa ve
1re *pers. du plur.*	4 Nous pa vons
2e —	5 Vous pa vez
3e —	6 Ils pa vent.

Colonnes de Verbes.

Imparfait.

1re pers. du sing.	*2e pers. du sing.*	*3e pers. du sing.*
Je pa vais	Tu pa vais	Il pa vait
Je ba vais	Tu ba vais	Il ba vait
Je la vais	Tu la vais	Il la vait
Je ri mais	Tu ri mais	Il ri mait
Je dî mais	Tu dî mais	Il dî mait
Je li mais	Tu li mais	Il li mait
Je mâ tais	Tu mâ tais	Il mâ tait
Je gâ tais	Tu gâ tais	Il gâ tait
Je tâ tais	Tu tâ tais	Il tâ tait

1re pers du plur.	*2e pers. du plur.*	*3e pers. du plur.*
Nous pa vions	Vous pa viez	Ils pa vaient
Nous ba vions	Vous ba viez	Ils ba vaient
Nous la vions	Vous la viez	Ils la vaient
Nous ri mions	Vous ri miez	Ils ri maient
Nous dî mions	Vous dî miez	Ils dî maient
Nous li mions	Vous li miez	Ils li maient
Nous mâ tions	Vous mâ tiez	Ils mâ taient
Nous gâ tions	Vous gâ tiez	Ils gâ taient
Nous tâ tions	Vous tâ tiez	Ils tâ taient

Temps de verbes.

Imparfait.

Je pa vais	Je ri mais	Je mâ tais
Tu pa vais	Tu ri mais	Tu mâ tais
Il pa vait	Il ri mait	Il mâ tait
Nous pa vions	Nous ri mions	Nous mâ tions
Vous pa viez	Vous ri miez	Vous mâ tiez
Ils pa vaient	Ils ri maient	Ils mâ taient

Phrases.

Imparfait.

Je re le vais vo tre lat te.
Tu ap por tais cet te jat te.
Il pre nait tou tes leurs pru nes.
Nous ti rions aus si les ur nes.
Vous re mon tiez u ne ba se.
Ils fa çon naient ce beau va se.

Colonnes de Verbes.

Imparfait.

3e personne du singulier.	*3e personne du pluriel.*
Il pa vait	Ils pa vaient
Il ba vait	Ils ba vaient
Il la vait	Ils la vaient
Il ri mait	Ils ri maient
Il dî mait	Ils dî maient
Il li mait	Ils li maient
Il mâ tait	Ils mâ taient
Il gâ tait	Ils gâ taient
Il tâ tait	Ils tâ taient

Phrases.

Imparfait.

Nombre singulier.

Il pa vait tou te la cour des rois.
Il ri mait le dis cours sur nos lois.
Il mâ tait tou jours le grand ba teau.
Il gâ tait aus si ce gros po teau.

Nombres pluriel.

Ils pa vaient tou te la cour des rois.
Ils ri maient le dis cours sur nos lois.
Ils mâ taient tou jours le grand ba teau.
Ils gâ taient aus si ce gros po teau.

Colonnes de Verbes.

Passé défini.

1re *personne du sing.*

Je pa vai
Je ba vai
Je la vai
Je ri mai
Je dî mai
Je li mai
Je mâ tai
Je gâ tai
Je tâ tai

3e *personne du sing.*

Il pa va
Il ba va
Il la va
Il ri ma
Il dî ma
Il li ma
Il mâ ta
Il gâ ta
Il tâ ta

2e *personne du sing.*

Tu pa vas
Tu ba vas
Tu la vas
Tu ri mas
Tu dî mas
Tu li mas
Tu mâ tas
Tu gâ tas
Tu tâ tas

1re *personne du sing.*

Nous pa vâ mes
Nous ba vâ mes
Nous la vâ mes
Nous ri mâ mes
Nous dî mâ mes
Nous li mâ mes
Nous mâ tâ mes
Nous gâ tâ mes
Nous tâ tâ mes

2e personne du pluriel.	*3e personne du pluriel.*
Vous pa vâ tes	Ils pa vè rent
Vous ba vâ tes	Ils ba vè rent
Vous la vâ tes	Ils la vè rent
Vous ri mâ tes	Ils ri mè rent
Vous dî mâ tes	Ils dî mè rent
Vous li mâ tes	Ils li mè rent
Vous mâ tâ tes	Ils mâ tè rent
Vous gâ tâ tes	Ils gâ tè rent
Vous tâ tâ tes	Ils tâ tè rent

Temps de verbes.

Passé défini.

Je pa vai	Je ri mai
Tu pa vas	Tu ri mas
Il pa va	Il ri ma
Nous pa vâ mes	Nous ri mâ mes
Vous pa vâ tes	Vous ri mâ tes
Ils pa vè rent	Ils ri mè rent

Phrases.

Passé défini.

Je re mon tai vers la ri ve
Tu sau vas leur bel le con vi ve.
Il se re po sa tout un jour.
Nous vi si tâ mes bien sa cour.
Vous ga gnâ tes qua tre ba tail les.
Ils ap por tè rent des te nail les.

Colonnes de Verbes.

Passé indéfini.

1re personne du singulier.	*2e personne du singulier.*
J'ai pa vé	Tu as pa vé
J'ai ba vé	Tu as ba vé
J'ai la vé	Tu as la vé
J'ai ri mé	Tu as ri mé
J'ai dî mé	Tu as dî mé
J'ai li mé	Tu as li mé
J'ai mâ té	Tu as mâ té
J'ai gâ té	Tu as gâ té
J'ai tâ té	Tu as tâ té

3e personne du singulier.

Il a pa vé
Il a ba vé
Il a la vé
Il a ri mé
Il a dî mé
Il a li mé
Il a mâ té
Il a gâ té
Il a tâ té

2e personne du pluriel.

Vous a vez pa vé
Vous a vez ba vé
Vous a vez la vé
Vous a vez ri mé
Vous a vez dî mé
Vous a vez li mé
Vous a vez mâ té
Vous a vez gâ té
Vous a vez tâ té

1re personne du pluriel.

Nous a vons pa vé
Nous a vons ba vé
Nous avons la vé
Nous a vons ri mé
Nous a vons dî mé
Nous a vons li mé
Nous a vons mâ té
Nous a vons gâ té
Nous a vons tâ té

2e personne du pluriel.

Ils ont pa vé
Ils ont ba vé
Ils ont la vé
Ils ont ri mé
Ils ont dî mé
Ils ont li mé
Ils ont mâ té
Ils ont gâ té
Ils ont tâ té

Temps de Verbes.

Passé indéfini.

J'ai pa vé	J'ai ri mé
Tu as pa vé	Tu as ri mé
Il a pa vé	Il a ri mé
Nous a vons pa vé	Nous a vons ri mé
Vous a vez pa vé	Vous a vez rimé
Ils ont pa vé	Ils ont ri mé

Phrases.

Passé indéfini.

J'ai vu pas ser les fil les du roi.
Tu as de man dé où est la loi.
Il a é té le plus heu reux.
Nous a vons fait les gé né reux.
Vous a vez pris ma jo lie bour se.
Ils ont chan té la gran de cour se.

CHAPITRE TROISIÈME.

Colonnes de Verbes.

Passé antérieur.

1re *personne du singulier.*	3e *personne du singulier.*
J'eus pa vé	Il eut pa vé
J'eus ba vé	Il eut ba vé
J'eus la vé	Il eut la vé
J'eus ri mé	Il eut ri mé
J'eus dî mé	Il eut dî mé
J'eus li mé	Il eut li mé
J'eus mâ té	Il eut mâ té
J'eus gâ té	Il eut gâ té

2e *personne du singulier.*	1re *personne du pluriel.*
Tu eus pa vé	Nous eû mes pa vé
Tu eus ba vé	Nous eû mes ba vé
Tu eus la vé	Nous eû mes la vé
Tu eus ri mé	Nous eû mes ri mé
Tu eus dî mé	Nous eû mes dî mé
Tu eus li mé	Nous eû mes li mé
Tu eus mâ té	Nous eû mes mâ té
Tu eus gâ té	Nous eû mes gâ té

2e personne du pluriel.	*3e personne du pluriel.*
Vous eû tes pa vé	Ils eu rent pa vé
Vous eû tes ba vé	Ils eu rent ba vé
Vous eû tes la vé	Ils eu rent la vé
Vous eû tes ri mé	Ils eu rent rimé
Vous eû tes dî mé	Ils eu rent dî mé
Vous eû tes li mé	Ils eu rent li mé
Vous eû tes mâ té	Ils eu rent mâ té
Vous eû tes gâ té	Ils eu rent gâ té
Vous eû tes tâ té	Ils eu rent tâ té

Temps de Verbes.

Passé antérieur.

J'eus pa vé	J'eus ri mé
Tu eus pa vé	Tu eus ri mé
Il eut pa vé	Il eut ri mé
Nous eû mes pa vé	Nous eû mes ri mé
Vous eû tes pa vé	Vous eû tes ri mé
Ils eu rent pa vé	Ils eu rent ri mé.

Phrases.

Passé antérieur.

J'eus fi ni com me le prin ce.
Tu eus vu cet te pro vin ce.
Il eut tué plu sieurs com pli ces.
Nous eû mes é té no vi ces.
Vous eû tes pré vu sa fau te.
Ils eu rent pris vo tre hô te.

Temps de Verbes.

Temps simples.	*Temps composés.*
INDICATIF.	
Présent.	**Passé indéfini.**
Je pa ve	J'ai pa vé
Tu pa ves	Tu as pa vé
Il pa ve.	Il a pa vé
Nous pa vons	Nous a vons pa vé
Vous pa vez	Vous a vez pa vé
Ils pa vent	Ils ont pa vé

Imparfait.

Je pa vais
Tu pa vais
Il pa vait
Nous pa vions
Vous pa viez
Ils pa vaient

Passé antérieur.

J'eus pa vé
Tu eus pa vé
Il eut pa vé
Nous eû mes pa vé
Vous eû tes pa vé
Ils eu rent pa vé

Passé indéfini.

Je pa vai
Tu pa vas
Il pa va
Nous pa vâ mes
Vous pa vâ tes
Ils pa vè rent

Plus-que-parfait.

J'a vais pa vé
Tu a vais pa vé
Il a vait pa vé
Nous a vions pa vé
Vous a viez pa vé
Ils a vaient pa vé

Phrases.

Temps simples.

Tu pa ves la rue de Bour go gne.
Il re tour ne dans la Gas co gne.
Nous ai mions vo tre frè re Au gus te.
Je con dam nais le plus in jus te.
Vous me nâ tes sa fil le aux no ces.
Ils mon trè rent en co re leurs for ces.

Temps composés.

J'ai dé char gé ma voi tu re.
Nous a vons bro dé sa coif fu re.
Il eut ven gé nos ca pi tai nes.
Tu eus dé bou ché les fon tai nes.
Ils a vaient fait qua tre ta bles.
Vous a viez cou pé leurs câ bles.

Colonnes de Verbes.

Plus-que-parfait.

1re *personne du singulier.*	2e *personne du singulier.*
J'a vais pavé	Tu a vais pa vé
J'a vais ba vé	Tu a vais ba vé
J'a vais la vé	Tu a vais lavé
J'a vais ri mé	Tu a vais ri mé
J'a vais dî mé	Tu a vais dî mé
J'a vais li mé	Tu a vais li mé
J'a vais mâ té	Tu a vais mâ té
J'a vais gâ té	Tu a vais gâ té
J'a vais tâ té	Tu a vais tâ té

3e *personne du singulier.*	2e *personne du pluriel.*
Il a vait pa vé	Vous a viez pa vé
Il a vait ba vé	Vous a viez ba vé
Il a vait la vé	Vous a viez la vé
Il a vait ri mé	Vous a viez ri mé
Il a vait dî mé	Vous a viez dî mé
Il a vait li mé	Vous a viez li mé
Il a vait mâ té	Vous a viez mâ té
Il a vait gâ té	Vous a viez gâ té
Il a vait tâ té	Vous a viez tâ té

1re *personne du pluriel.*	3e *personne du pluriel.*
Nous a vions pa vé	Ils a vaient pa vé
Nous a vions ba vé	Ils a vaient ba vé
Nous a vions la vé	Ils a vaient la vé
Nous a vions ri mé	Ils a vaient ri mé
Nous a vions dî mé	Ils a vaient dî mé
Nous a vions li mé	Ils a vaient li mé
Nous a vions mâ té	Ils a vaient mâ té
Nous a vions gâ té	Ils a vaient gâ té
Nous a vions tâ té	Ils a vaient tâ té

Temps de Verbes.

Plus-que-parfait.

J'a vais pa vé
Tu a vais pa vé
Il a vait pa vé
Nous a vions pa vé
Vous a viez pa vé
Ils a vaient pa vé

J'a vais ri mé
Tu a vais ri mé
Il a vait ri mé
Nous a vions ri mé
Vour a viez ri mé.
Ils a vaient ri mé

Phrases.

Plus-que-parfait.

J'a vais ter mi né l'ou vra ge.
Tu a vais trom pé le pa ge.
Il a vait é té mé con nu.
Nous a vions ti ré son re ve nu.
Vous a viez trou vé des pi queurs.
Ils a vaient é té vain queurs.

Colonnes de Verbes.

Futur.

1re personne du singulier.

Je pa ve rai
Je ba ve rai
Je la ve rai
Je ri me rai
Je dî me rai
Je li me rai
Je mâ te rai
Je gâ te rai
Je tâ te rai

2e personne du singulier.

Tu pa ve ras
Tu ba ve ras
Tu la ve ras
Tu ri me ras
Tu dî me ras
Tu li me ras
Tu mâ te ras
Tu gâ te ras
Tu tâ te ras

3^e personne du singulier.

Il pa ve ra
Il ba ve ra
Il la ve ra
Il ri me ra
Il dî me ra
Il li me ra
Il mâ te ra
Il gâ te ra
Il tâ te ra

1re personne du pluriel.

Nous pa ve rons
Nous ba ve rons
Nous la ve rons
Nous ri me rons
Nous dî me rons
Nous li me rons
Nous mâ te rons
Nous gâ te rons
Nous tâ te rons

2e personne du pluriel.	*3e personne du pluriel.*
Vous pa ve rez	Ils pa ve ront
Vous ba ve rez	Ils ba ve ront
Vous la ve rez	Ils la ve ront
Vous ri me rez	Ils ri me ront
Vous dî me rez	Ils dî me ront
Vous li me rez	Ils li me ront
Vous mâ te rez	Ils mâ te ront
Vous gâ te rez	Ils gâ te ront
Vous tâ te rez	Ils tâ te ront

Temps de Verbes.

Futur.

Je pa ve rai	Je ri me rai
Tu pa ve ras	Tu ri me ras
Il pa ve ra	Il ri me ra
Nous pa ve rons	Nous ri me rons
Vous pa ve rez	Vous ri me rez
Ils pa ve ront	Ils ri me ront

Phrases.

Futur.

Je li vre rai les mal fai teurs.
Tu ai me ras ses fon da teurs.
Il ven ge ra son beau-frè re.
Nous ap pel le rons ma mè re.
Vous dan se rez tous les qua tre.
Ils i ront aus si se bat tre.

Colonnes de Verbes.

Futur passé.

1re personne du singulier.	*2e personne du singulier.*
J'au rai pa vé	Tu au ras pa vé
J'au rai ba vé	Tu au ras ba vé
J'au rai la vé	Tu au ras la vé
J'au rai rimé	Tu au ras ri mé
J'au rai dî mé	Tu au ras dî mé
J'au rai li mé	Tu au ras li mé
J'au rai mâ té	Tu au ras mâ té
J'au rai gâ té	Tu au ras gâ té
J'au rai tâ té	Tu au ras tâ té

3e personne du singulier.	*2e personne du pluriel.*
Il au ra pa vé	Vous au rez pa vé
Il au ra ba vé	Vous au rez ba vé
Il au ra la vé	Vous au rez la vé
Il aura ri mé	Vous au rez ri mé
Il au ra dî mé	Vous au rez dî mé
Il au ra li mé	Vous au rez li mé
Il au ra mâ té	Vous au rez mâ té
Il au ra gâ té	Vous au rez gâ té
Il au ra tâ té	Vous au rez tâ té

1re personne du pluriel.	*3e personne du pluriel*
Nous au rons pa vé	Ils au ront pa vé
Nous au rons ba vé	Ils au ront ba vé
Nous au rons la vé	Ils au ront la vé
Nous au rons ri mé	Ils au ront ri mé
Nous au rons dî mé	Ils au ront dî mé
Nous au rons li mé	Ils au ront li mé
Nous au rons mâ té	Ils au ront mâ té
Nous au rons gâ té	Ils au ront gâté
Nous au rons tâ té	Ils au ront tâ té.

Temps de Verbes.

Futur passé.

J'au rai pa vé	J'au rai ri mé
Tu au ras pa vé	Tu au ras ri mé
Il au ra pa vé	Il au ra ri mé
Nous au rons pavé	Nous au rons ri mé
Vous au rez pavé	Vous au rez ri mé
Ils au ront pa vé	Ils au ront ri mé

Phrases.

Futur passé.

J'au rai été vo tre com pli ce.
Tu au ras mon tré ta ma li ce.
Il au ra vu tout leur ou vra ge.
Nous se rons al lés sur le ri va ge.
Vous au rez de man dé deux francs.
Ils au ront fait vos dou ze bancs.

CHAPITRE QUATRIÈME.

Colonnes de Verbes.

CONDITIONNEL.

Présent.

1re personne du singulier.

Je pa ve rais
Je ba ve rais
Je la ve rais
Je ri me rais
Je dî me rais
Je li me rais
Je mâ te rais
Je gâ te rais
Je tâ te rais

2e personne du singulier.

Tu pa ve rais
Tu ba ve rais
Tu la ve rais
Tu ri me rais
Tu dî me rais
Tu li me rais

3e personne du singulier.

Il pa ve rait
Il ba ve rait
Il la ve rait
Il ri me rait
Il dî me rait
Il li me rait
Il mâ te rait
Il gâ te rait
Il tâ te rait

1re personne du pluriel.

Nous pa ve rions
Nous ba ve rions
Nous la ve rions
Nous ri me rions
Nous dî me rions
Nous li me rions

2e *personne du pluriel.*	3e *personne du pluriel.*
Vous pa ve riez	Ils pa ve raient
Vous ba ve riez	Ils ba ve raient
Vous la ve riez	Ils la ve raient
Vous ri me riez	Ils ri me raient
Vous dî me riez	Ils dî me raient
Vous li me riez	Ils li me raient
Vous mâ te riez	Ils mâ te raient
Vous gâ te riez	Ils gâ te raient
Vous tâ te riez	Ils tâ te raient

Temps de Verbes.

Présent.

Je pa ve rais	Je ri me rais
Tu pa ve rais	Tu ri me rais
Il pa ve rait.	Il ri me rait
Nous pa ve rions	Nous ri me rions
Vous pa ve riez	Vous ri me riez
Ils pa ve raient	Ils ri me raient

Phrases.

Présent.

Je chan te rais ce can ti que.
Tu fer me rais la bou ti que.
Il i rait en Pa les ti ne.
Nous cas se rions ta pla ti ne.
Vous chan ge riez ma fi leu se.
Ils brû le raient une veil leu se.

Colonnes de Verbes.

Passé.

1re personne du singulier.

J'au rais pa vé
J'au rais ba vé
J'au rais la vé
J'au rais ri mé
J'au rais dî mé
J'au rais li mé
J'au rais mâ té
J'au rais gâ té
J'au rais tâ té

2e personne du singulier.

Tu au rais pa vé
Tu au rais ba vé
Tu au rais la vé
Tu au rais ri mé
Tu au rais dî mé
Tu au rais li mé
Tu au rais mâ té
Tu au rais gâ té
Tu au rais tâ té

3e personne du singulier.

Il au rait pa vé
Il au rait ba vé
Il au rait la vé
Il au rait ri mé
Il au rait dî mé
Il au rait li mé
Il au rait mâ té
Il au rait gâ té
Il au rait tâ té

2e personne du pluriel.

Vous au riez pa vé
Vous au riez ba vé
Vous au riez la vé
Vous au riez ri mé
Vous au riez dî mé
Vous au riez li mé
Vous au riez mâ té
Vous au riez gâ té
Vous au riez tâ té

1re personne du pluriel.

Nous au rions pa vé
Nous au rions ba vé
Nous au rions la vé
Nous au rions ri mé
Nous au rions dî mé
Nous au rions li mé
Nous au rions mâ té
Nous au rions gâ té
Nous au rions tâ té

3e personne du pluriel.

Ils au raient pa vé
Ils au raient ba vé
Ils au raient la vé
Ils au raient rimé
Ils au raient dî mé
Ils au raient li mé
Ils au raient mâ té
Ils au raient gâ té
Ils au raient tâ té

Temps de Verbes.

Passé.

J'au rais pa vé	J'au rais ri mé
Tu au rais pa vé	Tu au rais ri mé
Il au rait pa vé	Il au rait ri mé
Nous au rions pa vé	Nous au rions ri mé
Vous au riez pa vé	Vous au riez ri mé
Ils au raient pa vé	Ils au raient ri mé

Phrases.

Passé.

J'au rais eu de bon nes fi gues.
Tu au rais fran chi les di gues.
Il au rait ven du des vi gnes.
Nous au rions peint vos deux si gnes.
Vous au riez bat tu tou te seu le.
Ils au raient fi ni vo tre meu le.

Colonnes de Verbes.

On dit aussi :

1re personne du singulier.	*3e personne du singulier.*
J'eus se pa vé	Il eût pa vé
J'eus se ba vé	Il eût ba vé
J'eus se la vé	Il eût la vé
J'eus se ri mé	Il eût ri mé
J'eus se dî mé	Il eût dî mé
J'eus se li mé	Il eût li mé
J'eus se mâ té	Il eût mâ té
J'eus se gâ té	Il eût gâ té
J'eus se tâ té	Il eût tâ té

2e personne du singulier.	*1re personne du pluriel.*
Tu eus ses pa vé	Nous eus sions pa vé
Tu eus ses ba vé	Nous eus sions ba vé
Tu eus ses la vé	Nous eus sions la vé
Tu eus ses ri mé	Nous eus sions ri mé
Tu eus ses dî mé	Nous eus sions dî mé
Tu eus ses li mé	Nous eus sions li mé
Tu eus ses mâ té	Nous eus sions mâ té
Tu eus ses gâ té	Nous eus sions gâ té
Tu eus ses tâ té	Nous eus sions tâ té

2e personne du pluriel.	*3e personne du pluriel.*
Vous eus siez pa vé	Ils eus sent pa vé
Vous eus siez ba vé	Ils eus sent ba vé
Vous eus siez la vé	Ils eus sent la vé
Vous eus siez ri mé	Ils eus sent ri mé
Vous eus siez dî mé	Ils eus sent dî mé
Vous eus siez li mé	Ils eus sent li mé
Vous eus siez mâ té	Ils eus sent mâ té
Vous eus siez gâ té	Ils eus sent gâ té
Vous eus siez tâ té	Ils eus sent tâ té

Temps de Verbes.

On dit aussi :

J'eus se pa vé	J'eus se ri mé
Tu eus ses pa vé	Tu eus ses ri mé
Il eût pa vé	Il eût ri mé
Nous eus sions pa vé	Nous eus sions ri mé
Vous eus siez pa vé	Vous eus siez ri mé
Ils eus sent pa vé	Ils eus sent ri mé.

Phrases.

On dit aussi :

J'eus se ai mé ce bon pi queur.
Tu eus ses bu de la li queur.
Il eût pré ve nu ses a mis.
Nous eus sions vain cu nos en ne mis.
Vous eus siez per du leur es ti me.
Ils eus sent con tre fait un cen ti me.

Colonnes de Verbes.

IMPÉRATIF.

1re *pers. du singulier.*	1re *person. du pluriel.*	2e *person. du pluriel.*
Pa ve	Pa vons	Pa vez
Ba ve	Ba vons	Ba vez
La ve	La vons	La vez
Ri me	Ri mons	Ri mez
Dî me	Dî mons	Dî mez
Li me	Li mons	Li mez
Mâ te	Mâ tons	Mâ tez
Gâ te	Gâ tons	Gâ tez
Tâ te	Tâ tons	Tâ tez

Temps de Verbes.

Pa ve	Ri me	Mâ te
Pa vons	Ri mons	Mâ tons
Pa vez	Ri mez	Mâ tez
« . . .	« . . .	« . . .
« . . .	« . . .	« . . .
« . . .	« . . .	« . . .

Phrases.

Mon te la gros se clo che.
Met tons - le dans sa po che.
Pré pa rez - vous pour al ler au bal.
Fai tes - le bon ; ce se ra son ré gal.
Chan tons cet te bel le ro man ce.
Ai mez u ne tel le pru den ce.

CHAPITRE CINQUIÈME.

Colonnes de Verbes.

SUBJONCTIF.

Présent.

1re personne du singulier.

Que je pa ve
Que je ba ve
Que je la ve
Que je ri me
Que je dî me
Que je li me
Que je mâ te
Que je gâ te
Que je tâ te

2e personne du singulier.

Que tu pa ves
Que tu ba ves
Que tu la ves
Que tu ri mes
Que tu dî mes
Que tu li mes

3e personne du singulier.

Qu'il pa ve
Qu'il ba ve
Qu'il la ve
Qu'il ri me
Qu'il dî me
Qu'il li me
Qu'il mâ te
Qu'il gâ te
Qu'il tâ te

1re personne du pluriel.

Que nous pa vions
Que nous ba vions
Que nous la vions
Que nous ri mions
Que nous dî mions
Que nous li mions

2e personne du pluriel.	*3e personne du pluriel.*
Que vous pa viez	Qu'ils pa vent
Que vous ba viez	Qu'ils ba vent
Que vous la viez	Qu'ils la vent
Que vous ri miez	Qu'ils ri ment
Que vous dî miez	Qu'ils dî ment
Que vous li miez	Qu'ils li ment
Que vous mâ tiez	Qu'ils mâ tent
Que vous gâ tiez	Qu'ils gâ tent
Que vous tâ tiez	Qu'ils tâ tent

Temps de Verbes.

Présent.

Que je pa ve	Que je ri me
Que tu pa ves.	Que tu ri mes
Qu'il pa ve	Qu'il ri me
Que nous pa vions.	Que nous ri mions
Que vous pa viez.	Que vous ri miez
Qu'ils pa vent	Qu'ils ri ment.

Phrases.

Présent.

Tu dé si res que je pen se.
Il sou hai te que je dan se.
On ai me que tu cra ches.
El le veut que tu mar ches.
Ma rie exi ge qu'il pi le.
Ca ton com man de qu'il fi le.
Le roi veut que nous ti rions.
Paul ai me que nous chan tions.
Nous sou hai tons que vous brû liez.
Je dé si re que vous par liez.
Vous e xi gez qu'ils trou vent.
El les veu lent qu'ils prou vent.

Colonnes de Verbes.

Imparfait.

1re *personne du singulier.*	2e *personne du singulier.*
Que je pa vas se	Que tu pa vas ses
Que je ba vas se	Que tu ba vas ses
Que je la vas se	Que tu la vas ses
Que je ri mas se	Que tu ri mas ses
Que je dî mas se	Que tu dî mas ses

3e personne du singulier.	*2e personne du pluriel.*
Qu'il pa vât	Que vous pa vas siez
Qu'il ba vât	Que vous ba vas siez
Qu'il la vât	Que vous la vas siez
Qu'il ri mât	Que vous ri mas siez
Qu'il dî mât	Que vous dî mas siez
Qu'il li mât	Que vous li mas siez
Qu'il mâ tât	Que vous mâ tas siez
Qu'il gâ tât	Que vous gâ tas siez
Qu'il tâ tât	Que vous tâ tas siez

1re personne du pluriel.	*3e personne du pluriel.*
Que nous pa vas sions	Qu'ils pa vas sent
Que nous ba vas sions	Qu'ils ba vas sent.
Que nous la vas sions	Qu'ils la vas sent
Que nous ri mas sions	Qu'ils ri mas sent
Que nous dî mas sions	Qu'ils dî mas sent
Que nous li mas sions	Qu'ils li mas sent
Que nous mâ tas sions	Qu'ils mâ tas sent
Que nous gâ tas sions	Qu'ils gâ tas sent
Que nous tâ tas sions	Qu'ils tâ tas sent.

Temps de Verbes.

Imparfait.

Que je pa vas se	Que je ri mas se
Que tu pa vas ses	Que tu ri mas ses
Qu'il pa vât	Qu'il ri mât
Que nous pa vas sions	Que nous ri mas sions
Que vous pa vas siez	Que vous ri mas siez
Qu'ils pa vas sent	Qu'ils ri mas sent

Phrases.

Imparfait.

Il vou lait que je me trom pas se.

On ai mait que je le bro das se.

Je dé si rais que tu pa vas ses.

Paul e xi geait que tu la vas ses.

Nous sou hai tions qu'il chan tât.

Tu at ten dais qu'il mon tât.

El le dé si rait que nous la pri vas sions
Re don or don nait que nous li mas sions.
Nous e xi gions que vous vo las siez.
Ro land vou lait que vous ri vas siez.
On at ten dait qu'ils par las sent.
Je sou hai tais qu'ils fu mas sent.

Colonnes de Verbes.

Passé.

Que j'aie pa vé	Que tu aies pa vé
Que j'aie ba vé	Que tu aies ba vé
Que j'aie la vé	Que tu aies la vé
Que j'aie ri mé	Que tu aies ri mé
Que j'aie dî mé	Que tu aies dî mé
Que j'aie li mé	Que tu aies li mé
Que j'aie mâ té	Que tu aies mâ té
Que j'aie gâ té	Que tu aies gâ té.
Que j'aie tâ té	Que tu aies tâ té

3e personne du singulier.	*2e personne du pluriel.*
Qu'il ait pa vé	Que vous ayez pa vé
Qu'il ait ba vé	Que vous ayez ba vé
Qu'il ait la vé	Que vous ayez la vé
Qu'il ait rimé	Que vous ayez ri mé
Qu'il ait dî mé	Que vous ayez dî mé
Qu'il ait li mé	Que vous ayez li mé
Qu'il ait mâ té	Que vous ayez mâ té
Qu'il ait gâ té	Que vous ayez gâ té
Qu'il ait tâ té	Que vous ayez tâ té

1re personne du pluriel.	*3e personne du pluriel.*
Que nous ayons pa vé	Qu'ils aient pa vé
Que nous ayons ba vé	Qu'ils aient ba vé
Que nous ayons la vé	Qu'ils aient la vé
Que nous ayons ri mé	Qu'ils aient ri mé
Que nous ayons dî mé	Qu'ils aient dî mé
Que nous ayons li mé	Qu'ils aient li mé
Que nous ayons mâ té	Qu'ils aient mâ té
Que nous ayons gâ té	Qu'ils aient gâ té
Que nous ayons tâ té	Qu'ils aient tâ té.

Temps de verbes.

Que j'aie pa vé
Que tu aies pa vé
Qu'il ait pa vé
Que nous ayons pa vé
Que vous ayez pa vé
Qu'ils aient pa vé

Que j'aie ri mé
Que tu aies ri mé
Qu'il ait ri mé
Que nous ayons ri mé
Que vous ayez ri mé
Qu'ils aient ri mé.

Phrases.

Passé.

Tu dé si res que j'aie man gé.
On sou hai te que j'aie for gé.
Vi dal sou hai te que tu aies chan té.
Nous at ten dons que tu aies mon té.
Il e xi ge qu'il ait pas sé.
Ro mu lus veut qu'il ait chas sé.

A bel souhaite que nous ayons pa vé.
El les dé si rent que nous ayons la vé.
Le roi at tend que vous ayez vi sé.
On e xi ge que vous ayez fri sé.
Je sou hai te qu'ils aient pi qué.
Ca ën ai me qu'ils aient mar qué.

Colonnes de Verbes.

Plus-que-parfait.

1re *personne du singulier.*	2e *personne du singulier.*
Que j'eus se pa vé	Que tu eus ses pa vé
Que j'eus se ba vé	Que tu eus ses ba vé
Que j'eus se la vé	Que tu eus ses la vé
Que j'eus se ri mé	Que tu eus ses ri mé
Que j'eus se dî mé	Que tu eus ses dî mé
Que j'eus se li mé	Que tu eus ses li mé
Que j'eus se mâ té	Que tu eus ses mâ té
Que j'eus se gâ té	Que tu eus ses gâ té
Que j'eus se tâ té	Que tu eus ses tâ té.

3e personne du singulier.	*2e personne du pluriel.*
Qu'il eût pavé	Que vous eus siez pa vé
Qu'il eût ba vé	Que vous eus siez ba vé
Qu'il eût la vé	Que vous eus siez la vé
Qu'il eût ri mé	Que vous eus siez ri mé
Qu'il eût dî mé	Que vous eus siez dîmé
Qu'il eût li mé	Que vous eus siez li mé
Qu'il eût mâ té	Que vous eus siez mâ té
Qu'il eût gâ té	Que vous eus siez gâ té
Qu'il eût tâ té	Que vous eus siez tâ té

1re personne du pluriel.	*3e personne du pluriel.*
Que nous eus sions pa vé	Qu'ils eus sent pa vé
Que nous eus sions ba vé	Qu'ils eus sent ba vé
Que nous eus sions la vé	Qu'ils eus sent la vé
Que nous eus sions ri mé	Qu'ils eus sent ri mé
Que nous eus sions dî mé	Qu'ils eus sent dî mé
Que nous eus sions li mé	Qu'ils eus sent li mé
Que nous eus sions mâ té	Qu'ils eus sent mâ té
Que nous eus sions gâ té	Qu'ils eus sent gâ té
Que nous eus sions tâ té	Qu'ils eus sent tâ té

Temps de verbes.

Plus-que-parfait.

Que j'eus se pa vé	Que j'eus se ri mé
Que tu eus ses pa vé	Que tu eus ses ri mé
Qu'il eût pa vé	Qu'il eût ri mé
Que nous eus sions pa vé	Que nous eus sions ri mé
Que vous eus siez pa vé	Que vous eus siez ri mé
Qu'ils eus sent pa vé	Qu'ils eus sent ri mé

Phrases.

Plus-que-parfait.

Mil ton vou lait que j'eus se pri vé.
Vous e xi giez que j'eus se gra vé.
On at ten dait que tu eus ses cou lé.
Je dé si rais que tu eus ses rou lé.
Nous sou hai tions qu'il eût ter mi né.
Da vid e xi geait qu'il eût dî né.

Tu vou lais que nous eus sions hâ té.
Il ai mait que nous eus sions gâ té.
Nous dé si rions que vous eus siez me né.
On exi geait que vous eus siez mi né.
Vous at ten diez qu'ils eus sent fondé.
El le vou lait qu'ils eus sent gron dé.

CHAPITRE SIXIÈME.

Construction d'un Verbe.

Ire CONJUGAISON.

INDICATIF.

Temps présent et temps passés.

Présent.	*Imparfait.*
Je pa ve	Je pa vais
Tu pa ves	Tu pa vais
Il pa ve	Il pa vait
Nous pa vons	Nous pa vions
Vous pa vez	Vous pa viez
Ils pa vent	Ils pa vaient

Passé défini.

Je pa vai
Tu pa vas
Il pa va
Nous pa vâ mes
Vous pa vâ tes
Ils pa vè rent

Passé antérieur.

J'eus pa vé
Tu eus pa vé
Il eut pa vé
Nous eû mes pa vé
Vous eû tes pavé
Ils eu rent pa vé

Passé indéfini.

J'ai pa vé
Tu as pa vé
Il a pa vé
Nous a vons pa vé
Vous a vez pa vé
Ils ont pa vé

Plus-que-parfait.

J'a vais pa vé
Tu a vais pa vé
Il a vait pa vé
Nous a vions pa vé
Vous a viez pa vé
Ils a vaient pa vé

Temps futurs.

Futur.

Je pa ve rai
Tu pa ve ras
Il pa ve ra
Nous pa ve rons
Vous pa ve rez
Ils pa ve ront

Futur passé.

J'au rai pa vé
Tu au ras pa vé
Il au ra pa vé
Nous au rons pa vé
Vous au rez pa vé
Ils au ront pavé

CONDITIONNEL.

Présent.	Passé.
Je pa ve rais	J'au rais pa vé
Tu pa ve rais	Tu au rais pa vé
Il pa ve rait	Il au rait pa vé
Nous pa ve rions	Nous au rions pa vé
Vous pa ve riez	Vous auriez pa vé
Ils pa ve raient	Ils au raient pa vé

Temps passé et temps présent.

On dit aussi :	Impératif.
J'eus se pa vé	Pa ve
Tu eus ses pa vé	Pa vons
Il eût pa vé	Pa vez
Nous eus sions pa vé	« . . . .
Vous eus siez pa vé	« . . . .
Ils eus sent pa vé	« . . . .

SUBJONCTIF.

Temps présent et temps passés.

Présent.	*Imparfait.*
Que je pa ve	Que je pa vas se
Que tu pa ves	Que tu pa vas ses
Qu'il pa ve	Qu'il pa vât
Que nous pa vions	Que nous pa vas sions

Que vous pa viez	Que vous pa vas siez
Qu'ils pa vent	Qu'ils pa vas sent

Passé.	**Plusque-parfait.**
Que j'aie pa vé	Que j'eus se pa vé
Que tu aies pa vé	Que tu eus ses pa vé
Qu'il ait pa vé	Qu'il eût pa vé
Que nous ayons pa vé	Que nous eus sions pa vé
Que vous ayez pa vé	Que vous eus siez pa vé
Qu'ils aient pa vé	Qu'ils eus sent pa vé

INFINITIF.

Présent.	**Passé.**
Pa ver	A voir pa vé

PARTICIPE.

Présent.	**Passé.**
Pavant	Pavé, ayant pa vé

Phrases.

Ire CONJUGAISON.

INDICATIF.

Temps présent et temps passés.

Présent.

Je cueil le une bon ne poi re.

Tu por tes le tout à la foi re.

Il cou pe aus si vos plus cour tes.
Nous ni ve lons les gran des rou tes.
Vous dé chi rez ces gar ni tu res.
Ils ven dent leurs ma nu fac tu res.

Imparfait.

Je pa vais la pe ti te cour.
Tu mar chais en co re au tour.
Il de man dait u ne cau tion.
Nous ven dions tou te la por tion.
Vous em por tiez vingt-huit pêches.
Ils gar daient les jo lies bê ches.

Passé défini.

Je ra con tai mes a ven tu res.
Tu re çus tren te cou ver tu res.
Il des cen dit vers la ri viè re.
Nous res tâ mes tous en ar riè re.
Vous bû tes du vin de Bour go gne.
Ils mar chè rent vers la Gas co gne.

Passé indéfini.

J'ai per du vo tre cou ron ne.
Tu as tra hi la ba ron ne.
Il a par lé au gé né ral.
Nous a vons vu mon ca po ral.
Vous a vez trou vé quin ze mou tons.
Ils ont ci vi li sé nos can tons.

Passé antérieur.

J'eus chan té un beau can ti que.
Tu eus pris ton do mes ti que.
Il eut fi ni com me Au gus te.
Nous eû mes te nu le plus jus te.
Vous eû tes ven gé un tel cri me.
Ils eu rent son dé cet a bî me.

Plus-que-parfait.

J'a vais pré vu tous leurs mi ra cles.
Tu a vais sui vi ces o ra cles.
Il a vait eu de la for tu ne.
Nous a vions cé dé à Nep tu ne.
Vous a viez ar rê té cent ba teaux.
Ils a vaient ou blié vos so li veaux.

TEMPS FUTURS.

Futur.

Je rem por te rai la vic toi re.
Tu par le ras de son his toi re.
Il en ten dra vo tre rap port.
Nous mar che rons vers le grand fort.
Vous bom bar de rez nos vil la ges.
Ils pê che ront sur les ri va ges.

Futur passé.

J'au rai ai mé u ne in gra te.
Tu au ras trom pé ce pi ra te.
Il au ra é pou sé ma sœur.
Nous au rons é té ton vain queur.
Vous au rez pris An dro ma que.
Ils ver ront aus si Té lé ma que.

CONDITIONNEL.

Présent.

Je pu ni rais tou te la vil le.
Tu dé po se rais cet te pi le
Il grim pe rait sur nos mon ta gnes.
Nous au rions de bel les cam pa gnes.

Vous bâ ti rez un vas te châ teau.

Ils cou pe raient ce der nier po teau.

Passé.

J'au rais vu Phi lip pe et Si mon.

Tu au rais me né ce pe tit ca non.

Il au rait u ne jo lie fi gu re.

Nous au rions or né ton é cri tu re.

Vous au riez fi ni a près Hec tor.

Ils au raient tué no tre cher Men tor.

On dit aussi :

J'eus se men ti com me un Gas con.

Tu eus ses tail lé no tre bal con.

Il eût chan té mes a mours.

Nous eus sions lu ce dis cours.

Vous eus siez eu moins de for tu ne.

Ils eus sent ven du cet te bru ne.

IMPÉRATIF.

Mar che sur ces gros ses pom mes.

Ap pe lons tou jours leurs hom mes.

A van cez - vous ma pier re ?

Mon tre - toi un peu plus fiè re.

De man dons sa grâ ce au roi.
Re ve nez en co re chez moi.

SUBJONCTIF.

Temps présent et temps passés.

Présent.

On ai me que je men te.
Il veut que je con sen te.
Char les at tend que tu li ses.
Nous dé si rons que tu vi ses.
Li se exi ge qu'il bat te.
Hor ten se sou hai te qu'il lat te.
Bru tus veut que nous fi nis sions.
Ils at ten dent que nous dan sions.
Ju les ai me que vous fi liez.
Jean exi ge que vous pi liez.
Tu sou hai tes qu'ils dé mo lis sent.
Je dé si re qu'ils re bâ tis sent.

Imparfait.

Tu sou hai tais que je pe sas se.
Hen ri vou lait que je do ras se.
Il exi geait que tu por tas ses.
On dé si rait que tu cou pas ses.

Nous sou hai tions qu'il man geât.
El le ai mait qu'il chan tât.
Ju les vou lait que nous par las sions.
Il exi geait que nous la vas sions.
Je sou hai tais que vous gar das siez.
On at ten dait que vous comp tas siez.
Vic tor ai mait qu'ils fou las sent.
Ca ton vou lait qu'ils prô nas sent.

Passé.

El le exi ge que j'aie trou vé.
Pla ton ai me que j'aie ri vé.
Cé sar veut que tu aies changé.
Il or don ne que tu aies ran gé.
Pier re dé sire qu'il ait po sé.
Vous sou hai tez qu'il ait é cra sé.
On ai me que nous ayons ti ré.
Ro se veut que nous ayons ci ré.
Paul exi ge que vous ayez me né.
Li se at tend que vous ayez or né.
Je sou hai te qu'ils aient su cré.
Tu dé si res qu'ils aient en cré.

Plus-que-parfait.

Ma rie ai mait que j'eus se om bré.
Da vid vou lut que j'eus se sa bré
Je sou hai tai que tu eus ses fi ni.
Hec tor ai ma que tu eus ses ver ni.
Nous dé si rions qu'il eût cas sé.
Il sou hai tait qu'il eût per cé.
On at tendit que nous eus sions sa lé.
Tu exi geas que nous eus sions pi lé.
Je vou lais que vous eus siez gâ té.
Paul ai ma que vous eussiez por té.
Jean dé si ra qu'ils eus sent me né.
On exi gea qu'ils eus sent dî né.

CHAPITRE SEPTIÈME.

Racine de Verbes.

—

IIe CONJUGAISON.

INFINITIF.	**INDICATIF.**	
Présent.	**Présent.**	
—	*1re personne du sing.*	*2e personne du sing.*
Pu nir	Je pu nis	Tu pu nis
Mu nir	Je mu nis	Tu mu nis
Fi nir	Je fi nis	Tu fi nis
Bâ tir	Je bâ tis	Tu bâ tis
Pâ tir	Je pâ tis	Tu pâ tis
Co tir	Je co tis	Tu co tis
Po lir	Je po lis	Tu po lis
Sa lir	Je sa lis	Tu sa lis
Pâ lir	Je pâ lis	Tu pâ lis
Ter nir	Je ter nis	Tu ter nis
Ver nir	Je ver nis	Tu ver nis
Gar nir	Je gar nis	Tu gar nis.
Sen tir	Je sens	Tu sens
Men tir	Je mens	Tu mens

RACINE DES VERBES.

IIe CONJUGAISON.

INFINITIF. Présent	INDICATIF. Présent.					
—	*1re pers. du s.*	*2e pers. du s.*	*3e pers. du s.*	*1re pers. du pl.*	*2e pers. du pl.*	*3e pers. du pl.*
Pu nir	Je pu nis	Tu pu nis	Il pu nit	Nous pu nis sons	Vous pu nis sez	Ils pu nis sent
Mu nir	Je mu nis	Tu mu nis	Il mu nit	Nous mu nis sons	Vous mu nis sez	Ils mu nis sent
Fi nir	Je fi nis	Tu fi nis	Il fi nit	Nous fi nis sons	Vous fi nis sez	Ils fi nis sent
Bâ tir	Je bâ tis	Tu bâ tis	Il bâ tit	Nous bâ tis sons	Vous bâ tis sez	Ils bâ tis sent
Pâ tir	Je pâ tis	Tu pâ tis	Il pâ tit	Nous pâ tis sons	Vous pâ tis sez	Ils pâ tis sent
Co tir	Je co tis	Tu co tis	Il co tit	Nous co tis sons	Vous co tis sez	Ils co tis sent
Po lir	Je po lis	Tu po lis	Il po lit	Nous po lis sons	Vous po lis sez	Ils po lis sent
Sa lir	Je sa lis	Tu sa lis	Il sa lit	Nous sa lis sons	Vous sa lis sez	Ils sa lis sent
Pâ lir	Je pâ lis	Tu pâ lis	Il pâ lit	Nous pâ lis sons	Vous pâ lis sez	Ils pâ lis sent
Ter nir	Je ter nis	Tu ter nis	Il ter nit	Nous ter nis sons	Vous ter nis sez	Ils ter nis sent
Ver nir	Je ver nis	Tu ver nis	Il ver nit	Nous ver nis sons	Vous ver nis sez	Ils ver nis sent
Gar nir	Je gar nis	Tu gar nis	Il gar nit	Nous gar nis sons	Vous gar nis sez	Ils gar nis sent

CHAPITRE HUITIÈME.

Colonnes de Verbes.

IIe CONJUGAISON.

INDICATIF.

Présent.

1re *pers. du sing.*	2e *pers. du sing.*	3e *pers. du sing.*
Je pu nis	Tu pu nis	Il pu nit
Je mu nis	Tu mu nis	Il mu nit
Je fi nis	Tu fi nis	Il fi nit
Je bâ tis	Tu bâ tis	Il bâ tit
Je pâ tis	Tu pâ tis	Il pâ tit
Je co tis	Tu co tis	Il co tit
Je po lis	Tu po lis	Il po lit
Je sa lis	Tu sa lis	Il sa lit
Je pâ lis	Tu pâ lis	Il pâ lit

1re *pers. du pluriel.*	2e *person. du pluriel.*	3e *person. du pluriel.*
Nous pu nis sons	Vous pu nis sez	Ils pu nis sent
Nous mu nis sons	Vous mu nis sez	Ils mu nis sent
Nous fi nis sons	Vous fi nis sez	Ils fi nis sent
Nous bâ tis sons	Vous bâ tis sez	Ils bâ tis sent

Nous pâ tis sons	Vous pâ tis sez	Ils pâ tis sent
Nous co tis sons	Vous co tis sez	Ils co tis sent
Nous po lis sons	Vous po lis sez	Ils po lis sent
Nous sa lis sons	Vous sa lis sez	Ils sa lis sent
Nous pâ lis sons	Vous pâ lis sez	Ils pâ lis sent

Temps de Verbes.

Présent.

Je pu nis	Je bâ tis	Je po lis
Tu pu nis	Tu bâ tis	Tu po lis
Il pu nit	Il bâ tit	Il po lit
Nous pu nis sons	Nous bâ tis sons	Nous po lis sons
Vous pu nis sez	Vous bâ tis sez	Vous po lis sez
Ils pu nis sent	Ils bâ tis sent	Ils po lis sent

Phrases.

Présent.

Je ver nis vos pe ti tes bot tes.
Tu sa lis leurs bel les cu lot tes.
Il con vient que Fer di nand a tort.
Nous po lis sons les por tes du fort.
Vous ter nis sez ma ré pu ta tion.
Ils dé mo lis sent vo tre por tion.

Colonnes de Verbes.

Personnes du nombre singulier.

	1re personne.		*2e personne.*		*3e personne.*
1	Je pu nis	2	Tu pu nis	3	Il pu nit
	Je mu nis		Tu mu nis		Il mu nit
	Je fi nis		Tu fi nis		Il fi nit
	Je bâ tis		Tu bâ tis		Il bâ tit

Personnes du nombre pluriel.

	1re personne.		*2e personne.*		*3e personne.*
4	Nous pu nis sons	5	Vous pu nis sez	6	Ils pu nis sent
	Nous mu nis sons		Vous mu nis sez		Ils mu nis sent
	Nous fi nis sons		Vous fi nis sez		Ils fi nis sent
	Nous bâ tis sons		Vous bâ tis sez		Ils bâ tis sent

CONSTRUCTION D'UN TEMPS DE VERBE.

INDICATIF.

Présent.

1re *pers. du sing.*	Je pu nis
2e —	Tu pu nis
3e —	Il pu nit
1re *pers du plur.*	Nous pu nis sons
2e —	Vous pu nis sez
3e —	Ils pu nis sent

Colonnes de Verbes.

Imparfait.

1re pers. du sing.	*2e pers. du sing.*	*3e pers. du sing.*
Je pu nis sais	Tu pu nis sais	Il pu nis sait
Je mu nis sais	Tu mu nis sais	Il mu nis sait
Je fi nis sais	Tu fi nis sais	Il fi nis sait
Je bâ tis sais	Tu bâ tis sais	Il bâ tis sait
Je pâ tis sais	Tu pâ tis sais	Il pâ tis sait
Je co tis sais	Tu co tis sais	Il co tis sait
Je po lis sais	Tu po lis sais	Il po lis sait
Je sa lis sais	Tu sa lis sais	Il sa lis sait
Je pâ lis sais	Tu pâ lis sais	Il pâ lis sait

1re pers du plur.	*2e pers. du plur.*	*3e pers. du plur.*
Nous pu nis sions	Vous pu nis siez	Ils pu nis saient
Nous mu nis sions	Vous mu nis siez	Ils mu nis saient
Nous fi nis sions	Vous fi nis siez	Ils fi nis saient
Nous bâ tis sions	Vous bâ tis siez	Ils bâ tis saient
Nous pâ tis sions	Vous pâ tis siez	Ils pâ tis saient
Nous co tis sions	Vous co tis siez	Ils co tis saient
Nous po lis sions	Vous po lis siez	Ils po lis saient
Nous sa lis sions	Vous sa lis siez	Ils sa lis saient
Nous pâ lis sions	Vous pâ lis siez	Ils pâ lis saient

Temps de Verbes.

Imparfait.

Je pu nis sais	Je bâ tis sais	Je po lis sais
Tu pu nis sais	Tu bâ tis sais	Tu po lis sais
Il pu nis sait	Il bâ tis sait	Il po lis sait
Nous pu nis sions	Nous bâ tis sions	Nous po lis sions
Vous pu nis siez	Vous bâ tis siez	Vous po lis siez
Ils pu nis saient	Ils bâ tis saient	Ils po lis saient

Phrases.

Imparfait.

Je four nis sais leur do mes ti que.
Tu re te nais un beau can ti que.
Il con te nait tou te la fa ble.
Nous re ve nions sur vo tre ta ble.
Vous sen tiez mes jo lies fleurs.
Ils po lis saient les jon gleurs.

Colonnes de Verbes.

Imparfait.

3e *personne du singulier.*	3e *personne du pluriel.*
Il pu nis sait	Ils pu nis saient
Il mu nis sait	Ils mu nis saient
Il fi nis sait	Ils fi nis saient
Il bâ tis sait	Ils bâ tis saient
Il pâ tis sait	Ils pâ tis saient
Il co tis sait	Ils co tis saient
Il po lis sait	Ils po lis saient
Il sa lis sait	Ils sa lis saient
Il pâ lis sait	Ils pâ lis saient

Phrases.

Imparfait.

Nombre singulier.

Il bru nis sait aus si la fon te.

Il rou gis sait tou jours de hon te.

Nombre pluriel.

Ils bru nis saient aus si la fon te.

Ils rou gis saient tou jours de hon te.

Nombre singulier et pluriel.

Il fi nis sait la ci se lu re.
Ils sa lis saient vo tre bor du re.
Il pu nis sait ces qua tre hom mes
Ils co tis saient toutes les pom mes.

Colonnes de Verbes.

Passé défini.

1re *personne du singulier.*	2e *personne du singulier.*
Je pu nis	Tu pu nis
Je mu nis	Tu mu nis
Je fi nis	Tu fi nis
Je bâ tis	Tu bâ tis
Je pâ tis	Tu pâ tis
Je co tis	Tu co tis
Je po lis	Tu pâ lis
Je sa lis	Tu sa lis
Je pâ lis	Tu pâ lis

3e personne du singulier.	*2e personne du pluriel.*
Il pu nit	Vous pu nî tes
Il mu nit	Vous mu nî tes
Il fi nit	Vous fi nî tes
Il bâ tit	Vous bâ tî tes
Il pâ tit	Vous pâ tî tes
Il co tit	Vous co tî tes
Il po lit	Vous po lî tes
Il sa lit	Vous sa lî tes
Il pâ lit	Vous pâ lî tes

1re personne du pluriel.	*3e personne du pluriel*
Nous pu nî mes	Ils pu ni rent
Nous mu nî mes	Ils mu ni rent
Nous fi nî mes	Ils fi ni rent
Nous bâ tî mes	Ils bâ ti rent
Nous pâ tî mes	Ils pâ ti rent
Nous co tî mes	Ils co ti rent
Nous po lî mes	Ils po li rent
Nous sa lî mes	Ils sa li rent
Nous pâ li mes	Ils pâ li rent

Temps de verbes.

Passé défini.

Je pu nis	Je bâ tis
Tu pu nis	Tu bâ tis
Il pu nit	Il bâ tit
Nous pu nis sons	Nous bâ tis sons
Vous pu nis sez	Vous bâ tis sez
Ils pu nis sent	Ils bâ tis sent

Phrases.

Passé indéfini.

Je po lis les bou les rou ges.
Tu ver nis as sez de gou ges.
Il gar nit vo tre voi tu re.
Nous sâ lî mes une cou tu re.
Vous ser vî tes le con fi dent.
Ils ter nir ent mon ru di ment.

Colonnes de Verbes.

Passé indéfini.

1re personne du singulier.

J'ai pu ni
J'ai mu ni
J'ai fi ni
J'ai bâ ti
J'ai pâ ti
J'ai co ti
J'ai po li
J'ai sa li
J'ai pâ li

2e personne du singulier.

Tu as pu ni
Tu as mu ni
Tu as fi ni
Tu as bâ ti
Tu as pâ ti
Tu as co ti
Tu as po li
Tu as sa li
Tu as pâ li

3e personne du singulier.

Il a pu ni
Il a mu ni
Il a fi ni
Il a bâ ti
Il a pâ ti
Il a co ti
Il a po li
Il a sa li
Il a pâ li

1re personne du pluriel.

Nous avons pu ni
Nous avons mu ni
Nous avons fi ni
Nous avons bâ ti
Nous avons pâ ti
Nous avons co ti
Nous avons po li
Nous avons sa li
Nous avons pâ li

2e personne du pluriel.	*3e personne du pluriel.*
Vous avez pu ni	Ils ont pu ni
Vous avez mu ni	Ils ont mu ni
Vous avez fi ni	Ils ont fi ni
Vous avez bâ ti	Ils ont bâ ti
Vous avez pâ ti	Ils ont pâ ti
Vous avez co ti	Ils ont co ti
Vous avez po li	Ils ont po li
Vous avez sa li	Ils ont sa li
Vous avez pâ li	Ils ont pâ li

Temps de Verbes.

Passé indéfini.

J'ai pu ni	J'ai bâ ti
Tu as pu ni	Tu as bâ ti
Il a pu ni	Il a bâ ti
Nous avons pu ni	Nous avons bâ ti
Vous avez pu ni	Vous avez bâ ti
Ils ont pu ni	Ils ont bâ ti

Phrases.

Passé indéfini

J'ai te nu le pied du che val.
Tu as pu ni no tre ri val.
Il a démoli la sur fa ce.
Nous avons pu ni son au da ce.
Vous avez sa li nos ta bles.
Ils ont rai di les gros câ bles.

CHAPITRE HUITIÈME.

Colonnes de Verbes.

Passé antérieur.

1re personne du singulier.	*2e personne du singulier.*
J'eus pu ni	Tu eus pu ni
J'eus mu ni	Tu eus mu ni
J'eus fi ni	Tu eus fi ni
J'eus bâ ti	Tu eus bâ ti
J'eus pâ ti	Tu eus pâ ti
J'eus co ti	Tu eus co ti
J'eus po li	Tu eus po li
J'eus sa li	Tu eus sa li
J'eus pâ li	Tu eus pâ li

3e personne du singulier.	*2e personne du singulier.*
Il eut pu ni	Vous eû tes pu ni
Il eut mu ni	Vous eû tes mu ni
Il eut fi ni	Vous eû tes fi ni
Il eut bâ ti	Vous eû tes bâ ti
Il eut pâ ti	Vous eû tes pâ ti
Il eut co ti	Vous eû tes co ti
Il eut po li	Vous eû tes po li
Il eut sa li	Vous eû tes sa li
Il eut pâ li	Vous eû tes pâ li

1re personne du pluriel.	*3e personne du pluriel.*
Nous eû mes pu ni	Ils eu rent pu ni
Nous eû mes mu ni	Ils eu rent mu ni
Nous eû mes fi ni	Ils eu rent fi ni
Nous eû mes bâ ti	Ils eu rent bâ ti
Nous eû mes pâ ti	Ils eu rent pâ ti
Nous eû mes co ti	Ils eu rent co ti
Nous eû mes po li	Ils eu rent po li
Nous eû mes sa li	Ils eu rent sa li
Nous eû mes pâ li	Ils eu rent pâ li

Temps de verbes.

Passé antérieur.

J'eus pu ni	J'eus bâ ti
Tu eus pu ni	Tu eus bâ ti
Il eut pu ni	Il eut bâ ti
Nous eû mes pu ni	Nous eû mes bâ ti
Vous eû tes pu ni	Vous eû tes bâ ti
Ils eurent pu ni	Ils eu rent bâti

Phrases.

Passé antéricur.

J'eus dé men ti tou tes ces da mes.
Tu eus con ver ti leurs deux fem mes.
Il eut fi ni les plus pe ti tes.
Nous eû mes réu ni vos mé ri tes.
Vous eû tes sou te nu la mai son.
Ils eu rent res sen ti le poi son.

Temps de Verbes.

Temps simples.	*Temps composés.*
Présent.	**Passé indéfini.**
Je pu nis	J'ai pu ni
Tu pu nis	Tu as pu ni
Il pu nit	Il a pu ni
Nous pu nis sons	Nous a vons pu ni
Vous pu nis sez	Vous a vez pu ni
Ils pu nis sent	Ils ont pu ni
Imparfait.	**Passé antérieur.**
Je pu nis sais	J'eus pu ni
Tu pu nis sais	Tu eus pu ni
Il pu nis sait	Il eut pu ni
Nous pu nis sions	Nous eû mes pu ni
Vous pu nissiez	Vous eû tes pu ni
Ils pu nis sait	Ils eu rent pu ni
Passé défini.	**Plus-que-parfait.**
Je pu nis	J'a vais pu ni
Tu pu nis	Tu a vais pu ni
Il pu nit	Il a vait pu ni
Nous pu nî mes	Nous a vions pu ni
Vous pu nî tes	Vous a viez pu ni
Ils pu ni rent	Ils a vaient pu ni

Phrases.

Temps simples.

Tu of fres sou vent sa jo lie rose.
Il con tient u ne bon ne do se.
Je re te nais le bras de ton pè re.
Vous a ver tis siez vo tre frè re.
Nous sou tîn mes vo tre plus pe ti te.
Ils sor ti rent tren te mar mi tes.

Temps composés.

Vous a vez ver ni tou tes nos quil les.
Ils ont a ver ti ces jeu nes fil les.
J'eus fi ni un jour a près toi.
Tu eus bru ni ce lui du roi.
Il a vait con sen ti à se ven dre.
Nous a vions re te nu le moins ten dre.

Colonnes de Verbes.

Plus-que-parfait.

1re personne du singulier.

J'a vais pu ni
J'a vais mu ni
J'a vais fi ni
J'a vais bâ ti
J'a vais pâ ti
J'a vais co ti
J'a vais po li
J'a vais sa li
J'a vais pâ li

3e personne du singulier.

Il a vait pu ni
Il a vait mu ni
Il a vait fi ni
Il a vait bâ ti
Il a vait pâ ti
Il a vait co ti
Il a vait po li
Il a vait sa li
Il a vait pâ li

2e personne du singulier.

Tu a vais pu ni
Tu a vais mu ni
Tu a vais fi ni
Tu a vais bâ ti
Tu a vais pâ ti
Tu a vais co ti
Tu a vais po li
Tu a vais sa li
Tu a vais pâ li

1re personne du pluriel.

Nous a vions pu ni
Nous a vions mu ni
Nous a vions fi ni
Nous a vions bâ ti
Nous a vions pâ ti
Nous a vions co ti
Nous a vions po li
Nous a vions sa li
Nous a vions pâ li

2e personne du pluriel.	*3e personne du pluriel.*
Vous a viez pu ni	Ils a vaient pu ni
Vous a viez mu ni	Ils a vaient mu ni
Vous a viez fi ni	Ils a vaient fi ni
Vous a viez bâ ti	Ils a vaient bâ ti
Vous a viez pâ ti	Ils a vaient pâ ti
Vous a viez co ti	Ils a vaient co ti
Vous a viez po li	Ils a vaient po li
Vous a viez sa li	Ils a vaient sa li
Vous a viez pâ li	Ils a vaient pâ li

Temps de verbes.

Plus-que-parfait.

J'a vais pu ni	J'a vais bâ ti
Tu a vais pu ni	Tu a vais bâ ti
Il a vait pu ni	Il a vait bâ ti
Nous a vions pu ni	Nous a vions bâ ti
Vous a viez pu ni	Vous a viez bâ ti
Ils a vaient pu ni	Ils a vaient bâ ti

Phrases.

Plus-que-parfait.

J'a vais en tre vu la cha leur.
Tu a vais gué ri ma dou leur.
Il a vait con quis tout le mon de.
Nous a vi ons dé gar ni ta son de.
Vous a viez en dor mi ces bons prin ces.
Ils a vaient as ser vi leurs pro vin ces.

Colonnes de Verbes.

Futur.

1re personne du singulier.	*2e personne du singulier.*
Je pu ni rai	Tu pu ni ras
Je mu ni rai	Tu mu ni ras
Je fi ni rai	Tu fi ni ras
Je bâ ti rai	Tu bâ ti ras
Je pâ ti rai	Tu pâ ti ras
Je co ti rai	Tu co ti ras
Je po li rai	Tu po li ras
Je sa li rai	Tu sa li ras
Je pâ li rai	Tu pâ li ras

3e personne du singulier.	*2e personne du pluriel.*
Il pu ni ra	Vous pu ni rez
Il mu ni ra	Vous mu ni rez
Il fi ni ra	Vous fi ni rez
Il bâ ti ra	Vous bâ ti rez
Il pâ ti ra	Vous pâ ti rez
Il co ti ra	Vous co ti rez
Il po li ra	Vous po li rez
Il sa li ra	Vous sa li rez
Il pâ li ra	Vous pâ li rez

1re personne du pluriel.	*3e personne du pluriel.*
Nous pu ni rons	Ils pu ni ront
Nous mu ni rons	Ils mu ni ront
Nous fi ni rons	Ils fi ni ront
Nous bâ ti rons	Ils bâ ti ront
Nous pâ ti rons	Ils pâ ti ront
Nous co ti rons	Ils co ti ront
Nous po li rons	Ils po li ront
Nous sa li rons	Ils sa li ront
Nous pâ li rons	Ils pâ li ront

Temps de Verbes.

Futur simple.

Je pu ni rai	Je bâ ti rai
Tu pu ni ras	Tu bâ ti ras
Il pu ni ra	Il bâ ti ra
Nous pu ni rons	Nous bâ ti rons
Vous pu ni rez	Vous bâ ti rez
Ils pu ni ront	Ils bâ ti ront

Phrases.

Futur simple.

Je pu ni rai les in fi dè les.
Tu fi ni ras ces trois mo dè les.
Il par ti ra dans la se mai ne.
Nous par cour rons tout son do mai ne.
Vous four ni rez les a van ces.
Ils sor ti ront les po ten ces.

Colonnes de Verbes.

Futur passé.

1re personne du singulier

J'au rai pu ni
J'au rai mu ni
J'au rai fi ni
J'au rai bâ ti
J'au rai pâ ti
J'au rai co ti
J'au rai po li
J'au rai sa li
J'au rai pâ li

2e personne du singulier.

Tu au ras pu ni
Tu au ras mu ni
Tu au ras fi ni
Tu au ras bâ ti
Tu au ras pâ ti
Tu au ras co ti
Tu au ras po li
Tu au ras sa li
Tu au ras pâ li

3e personne du singulier.

Il au ra pu ni
Il au ra mu ni
Il au ra fi ni
Il au ra bâ ti
Il au ra pâ ti
Il au ra co ti
Il au ra po li
Il au ra sa li
Il au ra pâ li

1re personne du pluriel.

Nous au rons pu ni
Nous au rons mu ni
Nous au rons fi ni
Nous au rons bâ ti
Nous au rons pâ ti
Nous au rons co ti
Nous au rons po li
Nous au rons sa li
Nous au rons pâ li

2e personne du pluriel.	*3e personne du p luriel.*
Vous au rez pu ni	Ils au ront pu ni
Vous au rez muni	Ils au ront mu ni
Vous au rez fini	Ils au ront fi ni
Vous au rez bâ ti	Ils au ront bâ ti
Vous au rez pâ ti	Ils au ront pâ ti
Vous au rez co ti	Ils au ront co ti
Vous au rez po li	Ils au ront po li
Vous au rez sa li	Ils au ront sa li
Vous au rez pâ li	Ils au ront pâ li

Temps de Verbes.

Futur passé.

J'au rai pu ni	J'au rai bâ ti
Tu au ras pu ni	Tu au ras bâ ti
Il au ra pu ni	Il au ra bâ ti
Nous au rons pu ni	Nous au rons bâ ti
Vous au rez pu ni	Vous au rez bâ ti
Ils au ront pu ni	Ils au ront bâ ti

Phrases.

Futur passé.

J'au rai po li tes voi tu res.
Tu au ras ver ni les ou ver tu res.
Il au ra four ni les plus pe ti tes.
Nous au rons ter ni leurs cent mar mi tes.
Vous au rez tous fi ni avant moi.
Ils au ront pu ni les fils du roi.

CHAPITRE NEUVIÈME.

Colonnes de Verbes.

CONDITIONNEL.

Présent.

1re *personne du singulier.*	2e *personne du singulier.*
Je pu ni rais	Tu pu ni rais
Je mu ni rais	Tu mu ni rais
Je fi ni rais	Tu fi ni rais
Je bâ ti rais	Tu bâ ti rais
Je pâ ti rais	Tu pâ ti rais
Je co ti rais	Tu co ti rais
Je po li rais	Tu po li rais

3e personne du singulier.	*2e personne du pluriel.*
Il pu ni rait	Vous pu ni riez
Il mu ni rait	Vous mu ni riez
Il fi ni rait	Vous fi ni riez
Il bâ ti rait	Vous bâ ti riez
Il pâ ti rait	Vous pâ ti riez
Il co ti rait	Vous co ti riez
Il po li rait	Vous po li riez
Il sa li rait	Vous sa li riez
Il pâ li rait	Vous pâ li riez

1re personne du pluriel.	*3e personne du pluriel.*
Nous pu ni rions	Ils pu ni raient
Nous mu ni rions	Ils mu ni raient
Nous fi ni rions	Ils fi ni raient
Nous bâ ti rions	Ils bâ ti raient
Nous pâ ti rions	Ils pâ ti raient
Nous co ti rions	Ils co ti raient
Nous po li rions	Ils po li raient
Nous sa li rions	Ils sa li raient
Nous pâ li rions	Ils pâ li raient

Temps de Verbes.

Présent.

Je pu ni rais	Je bâ ti rais
Tu pu ni rais	Tu bâ ti rais
Il pu ni rait	Il bâ ti rait
Nous pu ni rions	Nous bâ ti rions
Vous pu ni riez	Vous bâ ti riez
Ils pu ni raient	Ils bâ ti raient

Phrases.

Présent.

Je pâ li rais en co re une fois.
Tu par cour rais tout no tre grand bois.
Il bâ ti rait aus si ma mai son.
Nous pu ni rions l'hom me sans rai son.
Vous sen ti riez peu la cha leur.
Ils par ti raient sans le mou leur.

Colonnes de Verbes.

Passé.

1re *personne du sing.*	3e *personne du sing.*
J'au rais pu ni	Il au rait pu ni
J'au rais mu ni	Il au rait mu ni
J'au rais fi ni	Il au rait fi ni
J'au rais bâ ti	Il au rait bâ ti
J'au rais pâ ti	Il au rait pâ ti
J'au rais co ti	Il au rait co ti
J'au rais po li	Il au rait po li
J'au rais sa li	Il au rait sa li
J'au rais pâ li	Il au rait pâ li

2e *personne du singulier.*	1re *personne du pluriel.*
Tu au rais pu ni	Nous au rions pu ni
Tu au rais mu ni	Nous au rions mu ni
Tu au rais fi ni	Nous au rions fi ni
Tu au rais bâ ti	Nous au rions bâ ti
Tu au rais pâ ti	Nous au rions pâ ti
Tu au rais co ti	Nous au rions co ti
Tu au rais po li	Nous au rions po li
Tu au rais sa li	Nous au rions sa li
Tu au rais pâ li	Nous au rions pâ li

5

2e personne du pluriel.	*3e personne du pluriel.*
Vous au riez pu ni	Ils au raient pu ni
Vous au riez mu ni	Ils au raient mu ni
Vous au riez fi ni	Ils au raient fi ni
Vous au riez bâ ti	Ils au raient bâ ti
Vous au riez pâ ti	Ils au raient pâ ti
Vous au riez co ti	Ils au raient co ti
Vous au riez po li	Ils au raient po li
Vous au riez sa li	Ils au raient sa li
Vous au riez pâ li	Ils au raient pâ li

Temps de Verbes.

Passé.

J'au rais pu ni	J'au rais bâ ti
Tu au rais pu ni	Tu au rais bâ ti
Il au rait pu ni	Il au rait bâ ti
Nous au rions pu ni	Nous au rions bâ ti
Vous au riez pu ni	Vous au riez bâ ti
Ils au raient pu ni	Ils au raient bâ ti

Phrases.

Passé.

J'au rais dé ca ti les toi les fi nes.
Tu au rais dé men ti ces mu ti nes.
Il au rait po li vo tre châ le
Nous au rions tous sa li la hal le.
Vous au riez co ti leurs pom mes.
Ils au raient sor ti nos hom mes.

Colonnes de Verbes.

On dit aussi :

1re *personne du singulier.*	2e *personne du singulier.*
J'eus se pu ni	Tu eus ses pu ni
J'eus se mu ni	Tu eus ses mu ni
J'eus se fi ni	Tu eus ses fi ni
J'eus se bâ ti	Tu eus ses bâ ti
J'eus se pâ ti	Tu eus ses pâ ti
J'eus se co ti	Tu eus ses co ti
J'eus se po li	Tu eus ses po li
J'eus se sa li	Tu eus ses sa li
J'eus se pâ li	Tu eus ses pâ li

3e personne du singulier.	*2e personne du pluriel.*
Il eût pu ni	Vous eus siez pu ni
Il eût mu ni	Vous eus siez mu ni
Il eût fi ni	Vous eus siez fi ni
Il eût bâ ti	Vous eus siez bâ ti
Il eût pâ ti	Vous eus siez pâ ti
Il eût co ti	Vous eus siez co ti
Il eût po li	Vous eus siez po li
Il eût sa li	Vous eus siez sa li
Il eût pâ li	Vous eus siez pâ li

1re personne du pluriel.	*3e personne du pluriel.*
Nous eus sions pu ni	Ils eus sent pu ni
Nous eus sions mu ni	Ils eus sent mu ni
Nous eus sions fi ni	Ils eus sent fi ni
Nous eus sions bâ ti	Ils eus sent bâ ti
Nous eus sions pâ ti	Ils eus sent pâ ti
Nous eus sions co ti	Ils eus sent co ti
Nous eus sions po li	Ils eus sent po li
Nous eus sions sa li	Ils eus sent sa li
Nous eus sions pâ li	Ils eus sent pâ li

Temps de Verbes.

On dit aussi :

J'eus se pu ni	J'eusse bâ ti
Tu eus ses pu ni	Tu eus ses bâ ti
Il eût pu ni	Il eût bâ ti
Nous eus sions pu ni	Nous eus sions bâti
Vous eus siez pu ni	Vous eus siez bâ ti
Ils eus sent pu ni	Ils eus sent bâ ti

Phrases.

On dit aussi :

J'eus se men ti sans le vou loir.
Tu eus ses sou te nu le par loir.
Il eût coti tes gros ses poi res.
Nous eus sions ver ni vos ar moi res.
Vous eus siez bâ ti de bel les vil les.
Ils eus sent fi ni les dou ze mil les.

Temps de Verbes.

IMPÉRATIF.

1re *pers. du sing.*	1re *pers. du plur.*	2e *pers. du plur.*
Pu nis	Pu nis sons	Pu nis sez
Mu nis	Mu nis sons	Mu nis sez
Fi nis	Fi nis sons	Fi nis sez
Bâ tis	Bâ tis sons	Bâ tis sez
Pâ tis	Pâ tis sons	Pâ tis sez
Co tis	Co tis sons	Co tis sez
Po lis	Po lis sons	Po lis sez
Sa lis	Sa lis sons	Sa lis sez
Pâ lis	Pâ lis sons	Pâ lis sez

Temps de Verbes.

Pu nis	Bâ tis	Po lis
Pu nis sons	Bâ tis sons	Po lis sons
Pu nis se z	Bâ tis sez	Po lis sez

Phrases.

Po lis aus si la gran de gla ce.
Gar nis sons en co re la pla ce.
Bâ tiss ez - lui un beau pa lais.
Pu nis sez - le ; il va au re lais.

CHAPITRE DIXIÈME.

Colonnes de Verbes.

SUBJONCTIF.

Présent.

1re pers. du singulier.

Que je pu nis se
Que je mu nis se
Que je fi nis se
Que je bâ tis se
Que je pâ tis se
Que je co tis se
Que je po lis se
Que je sa lis se
Que je pâ lis se

3e pers. du singulier.

Qu'il pu nis se
Qu'il mu nis se
Qu'il fi nis se
Qu'il bâ tis se
Qu'il pâ tis se
Qu'il co tis se
Qu'il po lis se
Qu'il sa lis se
Qu'il pâ lis se

2e personne du singulier.

Que tu pu nis ses
Que tu mu nis ses
Que tu fi nis ses
Que tu bâ tis ses

1re personne du pluriel.

Que nous pu nis sions
Que nous mu nis sions
Que nous fi nis sions
Que nous bâ tis sions

2e personne du pluriel.	*3e personne du pluriel.*
Que vous pu nis siez	Qu'ils pu nis sent
Que vous mu nis siez	Qu'ils mu nis sent
Que vous fi nis siez	Qu'ils fi nis sent
Que vous bâ tis siez	Qu'ils bâ tis sent
Que vous pâ tis siez	Qu'ils pâ tis sent
Que vous co tis siez	Qu'ils co tis sent
Que vous po lis siez	Qu'ils po lis sent
Que vous sa lis siez	Qu'ils sa lis sent
Que vous pâ lis siez	Qu'ils pâ lis sent

Temps de Verbes.

Présent.

Que je pu nis se	Que je bâ tis se
Que tu pu nis ses	Que tu bâ tis ses
Qu'il pu nis se	Qu'il bâ tis se
Que nous pu nis sions	Que nous bâ tis sions
Que vous pu nis siez	Que vous bâ tis siez
Qu'ils pu nis sent	Qu'ils bâ tis sent

Phrases.

Présent.

E li se veut que je po lis se.

On sou haite que je sa lis se.

César dé si re que tu sen tes.

A li ne ai me que tu men tes.

Nous exi geons qu'il four nis se.

Je com man de qu'il ver nis se.

On sou hai te que nous pâ lis sions.

Ni nus ai me que nous pu nis sions.

Ce prin ce veut que vous mû ris siez.

Jules dé si re que vous pé ris siez.

Vous exi gez qu'ils fi nis sent.

El les veu lent qu'ils bé nis sent.

Colonnes de Verbes.

Imparfait.

1re *personne du singulier.*	2e *personne du singulier.*
Que je pu nis se	Que tu pu nis ses
Que je mu nis se	Que tu mu nis ses
Que je fi nis se	Que tu finisses
Que je bâ tis se	Que tu bâ tis ses

5.

3e personne du singulier.	*2e personne du pluriel.*
Qu'il pu nît	Que vous pu nis siez
Qu'il mu nît	Que vous mu nis siez
Qu'il fi nît	Que vous fi nis siez
Qu'il bâ tît	Que vous bâ tis siez
Qu'il pâ tît	Que vous pâ tis siez
Qu'il co tît	Que vous co tis siez
Qu'il po lît	Que vous po lis siez
Qu'il sa lît	Que vous sa lis siez
Qu'il pâ lît	Que vous pâ lis siez

1re personne du pluriel.	*3e personne du pluriel.*
Que nous pu nis sions	Qu'ils pu nis sent
Que nous mu nis sions	Qu'ils mu nis sent.
Que nous fi nis sions	Qu'ils fi nis sent
Que nous bâ tis sions	Qu'ils bâ tis sent
Que nous pâ tis sions	Qu'ils pâ tis sent
Que nous co tis sions	Qu'ils co tis sent
Que nous po lis sions	Qu'ils po lis sent
Que nous sa lis sions	Qu'ils sa lis sent
Que nous pâ lis sions	Qu'ils pâ lis sent.

Temps de verbes.

Imparfait.

Que je pu nis se	Que je bâ tis se
Que tu pu nis ses	Que tu bâ tis se
Qu'il pu nît	Qu'il bâtit
Que nous pu nis sions	Que nous bâ tis sions
Que vous pu nis siez	Que vous bâ tis siez
Qu'ils pu nis sent	Qu'ils bâ tis sent

Phrases.

Imparfait.

Louise ai mait que je me rai dis se.

Vous vou liez que je me mu nis se.

Je sou hai tais que tu par tis ses.

On dé si rait que tu bâ tis ses.

Ma rie e xi geait qu'il offrît.

Tu com man dais qu'il pu nît.

Il or don nait que nous u nis sions
El le vou lait que nous fi nis sions.
Nous exi gions que vous sen tis siez.
Jean at ten dait que vous sor tis siez.
On sou hai tait qu'ils bru nis sent.
Je dé si rais qu'ils ra vis sent.

Colonnes de Verbes.

Passé.

1re *personne du singulier.*	2e *personne du singulier.*
Que j'aie pu ni	Que tu aies pu ni
Que j'aie mu ni	Que tu aies mu ni
Que j'aie fi ni	Que tu aies fi ni
Que j'aie bâ ti	Que tu aies bâ ti
Que j'aie pâ ti	Que tu aies pâ ti
Que j'aie co ti	Que tu aies co ti
Que j'aie po li	Que tu aies po li
Que j'aie sa li	Que tu aies sa li
Que j'aie pâ li	Que tu aies pâ li

3e personne du singulier.

Qu'il ait pu ni
Qu'il ait mu ni
Qu'il ait fi ni
Qu'il ait bâ ti
Qu'il ait pâ ti
Qu'il ait co ti
Qu'il ait po li
Qu'il ait sa li
Qu'il ait pâ li

2e personne du pluriel.

Que vous ayez pu ni
Que vous ayez mu ni
Que vous ayez fi ni
Que vous ayez bâ ti
Que vous ayez pâ ti
Que vous ayez co ti
Que vous ayez po li
Que vous ayez sa li
Que vous ayez pâ li

1re personne du pluriel.

Que nous ayons pu ni
Que nous ayons mu ni
Que nous ayons fi ni
Que nous ayons bâ ti
Que nous ayons pâ ti
Que nous ayons co ti
Que nous ayons po li
Que nous ayons sa li
Que nous ayons pâ li

3e personne du pluriel.

Qu'ils aient pu ni
Qu'ils aient mu ni
Qu'ils aient fi ni
Qu'ils aient bâ ti
Qu'ils aient pâ ti
Qu'ils aient co ti
Qu'ils aient po li
Qu'ils aient sa li
Qu'ils aient pâ li

Temps de Verbes.

Passé.

Que j'aie pu ni	Que j'aie bâ ti
Que tu aies pu ni	Que tu aies bâ ti
Qu'il ait pu ni	Qu'il ait bâ ti
Que nous ayons pu ni	Que nous ayons bâ ti
Que vous ayez pu ni	Que vous ayez bâ ti
Qu'ils aient pu ni.	Qu'ils aient bâ ti

Phrases.

Passé.

Vous vou lez que j'aie fi ni.
On ai me que j'aie ver ni.
Il sou hai te que tu aies men ti.
Jean dé si re que tu aies sen ti.
El les veu lent qu'il ait sa li.
Nous exi geons qu'il ait po li.

On at tend que nous ayons bru ni.
Paul sou hai te que nous ayons ter ni.
Jean ai me que vous ayez bâ ti.
Ro se veut que vous ayez sor ti.
Je dé si re qu'ils aient of fert.
Tu sou hai tes qu'ils aient souf fert.

Colonnes de Verbes.

Plus-que-parfait.

1re *personne du singulier.*	2e *personne du singulier.*
Que j'eus se pu ni	Que tu eus ses pu ni
Que j'eus se mu ni	Que tu eus ses mu ni
Que j'eus se fi ni	Que tu eus ses fi ni
Que j'eus se bâ ti	Que tu eus ses bâ ti
Que j'eus se pâ ti	Que tu eus ses pâ ti
Que j'eus se co ti	Que tu eus ses co ti
Que j'eus se po li	Que tu eus ses po li
Que j'eus se sa li	Que tu eus ses sa li
Que j'eus se pâ li	Que tu eus ses pâ li

3e personne du singulier.	*2e personne du pluriel.*
Qu'il eût pu ni	Que vous eus siez pu ni
Qu'il eût mu ni	Que vous eus siez mu ni
Qu'il eût fi ni	Que vous eus siez fi ni
Qu'il eût bâ ti	Que vous eus siez bâ ti
Qu'il eût pâ ti	Que vous eus siez pâ ti
Qu'il eût co ti	Que vous eus siez co ti
Qu'il eût po li	Que vous eus siez po li
Qu'il eût sa li	Que vous eus siez sa li
Qu'il eût pâ li	Que vous eus siez pâ li

1re personne du pluriel.	*3e personne du pluriel.*
Que nous eus sions pu ni	Qu'ils eus sent pu ni
Que nous eus sions mu ni	Qu'ils eus sent mu ni
Que nous eus sions fi ni	Qu'ils eus sent fi ni
Que nous eus sions bâ ti	Qu'ils eus sent bâ ti
Que nous eus sions pâ ti	Qu'ils eus sent pâ ti
Que nous eus sions co ti	Qu'ils eus sent co ti
Que nous eus sions po li	Qu'ils eus sent po li
Que nous eus sions sa li	Qu'ils eus sent sa li
Que nous eus sions pâ li	Qu'ils eus sent pâ li

Temps de verbes.

Plus-que-parfait.

Que j'eus se pu ni	Que j'eus se bâ ti
Que tu eus ses pu ni	Que tu eus ses bâ ti
Qu'il eût pu ni	Qu'il eût bâ ti
Que nous eus sions pu ni	Que nous eus sions bâ ti
Que vous eus siez pu ni	Que vous eus siez bâ ti
Qu'ils eus sent pu ni	Qu'ils eus sent bâ ti

Phrases.

Plus-que-parfait.

Vous e xi giez que j'eus se po li.
El le vou lait que j'eus se sa li.
Je dé si rais que tu eus ses ver ni.
On at ten dait que tu eus ses ter ni.
Vic tor e xi geait qu'il eût sen ti.
Nous sou hai tions qu'il eût men ti.

Il ai mait que nous eus sions dor mi.
Tu vou lais que nous eus sions vo mi.
Nous dé si rions que vous eus siez of fert.
On e xi geait que vous eus siez ou vert.
El le vou lait qu'ils eus sent main te nu.
Vous at ten diez qu'ils eus sent re te nu.

CHAPITRE ONZIÈME.

Construction d'un Verbe.

—

IIe CONJUGAISON.

INDICATIF.

Temps présent et temps passés.

Présent.	**Imparfait.**
Je pu nis	Je pu nis sais
Tu pu nis	Tu pu nis sais
Il pu nit	Il pu nis sait
Nous pu nis sons	Nous pu nis sions
Vous pu nis sez	Vous pu nis siez
Ils pu nis sent	Ils pu nis saient

Passé défini.	**Passé antérieur.**
Je pu nis	J'eus pu ni
Tu pu nis	Tu eus pu ni
Il pu nit	Il eut pu ni
Nous pu nî mes	Nous eû mes pu ni
Vous pu nî tes	Vous eû tes pu ni
Ils pu ni rent	Ils eu rent pu ni

Passé indéfini.	**Plus-que-parfait.**
J'ai pu ni	J'a vais pu ni
Tu as pu ni	Tu a vais pu ni
Il a pu ni	Il a vait pu ni
Nous a vons pu ni	Nous a vions pu ni
Vous a vez pu ni	Vous a viez pu ni
Ils ont pu ni	Ils a vaient pu ni

Temps futurs.

Futur.	**Futur passé.**
Je pu ni rai	J'au rai pu ni
Tu pu ni ras	Tu au ras pu ni
Il pu ni ra	Il au ra pu ni
Nous pu ni rons	Nous au rons pu ni
Vous pu ni rez	Vous au rez pu ni
Ils pu ni ront	Ils au ront pu ni

CONDITIONNEL.

Présent.	**Passé.**
Je pu ni rais	J'au rais pu ni
Tu pu ni rais	Tu au rais pu ni
Il pu ni rait	Il au rait pu ni
Nous pu ni rions	Nous au rions pu ni
Vous pu ni riez	Vous au riez pu ni
Ils pu ni raient	Ils au raient pu ni

Temps passé et temps présent.

On dit aussi :	**Impératif.**
J'eus se pu ni	Pu nis
Tu eus ses pu ni	Pu nis sons
Il eût pu ni	Pu nis sez
Nous eus sions pu ni	« . . . .
Vous eus siez pu ni	« . . . .
Ils eus sent pu ni	« . . . .

SUBJONCTIF.

Temps présent et temps passés.

Présent.	**Imparfait.**
Que je pu nis se	Que je pu nis se
Que tu pu nis ses	Que tu pu nis ses

Qu'il pu nis se	Qu'il pu nît
Que nous pu nis sions	Que nous pu nis sions
Que vous pu nis siez	Que vous pu nis siez
Qu'ils pu nis sent	Qu'ils pu nis sent

Passé.	**Plus-que-parfait.**
Que j'aie pu ni	Que j'eusse pu ni
Que tu aies pu ni	Que tu eus ses pu ni
Qu'il ait pu ni	Qu'il eût pu ni
Que nous ayons pu ni	Que nous eus sions pu ni
Que vous ayez pu ni	Que vous eus siez pu ni
Qu'ils aient pu ni	Qu'ils eus sent pu ni

INFINITIF.

Présent.	**Passé.**
Pu nir	Avoir pu ni

PARTICIPE.

Présent.	**Passé.**
Pu nis sant	Pu ni, ayant pu ni

Phrases.

IIe CONJUGAISON.

INDICATIF.

Présent.

Je bâ tis ta bel le mai son.
Tu pâ lis pour cet te rai son.
Il of fre tou jours ses trois cents francs.
Nous po lis sons le plus long des bancs.
Vous four ni rez des vi vres au roi.
Ils souf frent que je vio le la loi.

Imparfait.

Je par tais dans sa voi tu re.
Tu bru nis sais ma fi gu re.
Il pré ve nait la prin ces se.
Nous pu nis sions ta bas ses se.
Vous ve niez com me des fol les.
Ils re te naient les moins mol les.

Passé défini.

Je ser vis en co re les vieux prin ces.
Tu con ver tis tou tes nos pro vin ces.
Il souf frit vo tre in sul te.
Vous pâ li tes à la mi nu te.

Nous ou vrî mes cet te mal le.

Ils sor ti rent leur ca va le.

Passé indéfini.

J'ai main te nu vo tre en fant.

Tu as pu ni le plus ga lant.

Il a of fert sa puis san ce.

Nous bé nis sons ta con stance.

Vous haïs sez tous mes a mis.

Ils po lis sent vos en ne mis.

Passé antérieur.

J'eus sen ti tout ce que vous dî tes.

Tu eus a ver ti ses lé vi tes.

Il eut pré ve nu les tra vail leurs.

Nous eû mes dé men ti les tail leurs.

Vous eû tes fi ni a près Vic tor.

Ils me ra vi rent mon cher Hec tor.

Plus-que-parfait.

J'a vais a mor ti sa ma li ce.

Tu a vais re te nu son com pli ce.

Il a vait gar ni vo tre ta ble.

Nous a vions of fert un bon câ ble.

Vous a viez four ni ce que je vois.

Ils a vaient bru ni dou ze au bois.

TEMPS FUTURS.

Futur.

Je bé ni rai u ne é gli se.
Tu haï ras sa belle gri se.
Il sou tien dra aus si Du mas.
Nous bru ni rons le gros com pas.
Vous sa li rez tou tes les por tes.
Ils bâ ti rent de jo lies grot tes.

Futur passé.

J'au rai men ti à mon in su.
Tu au ras re quis le vieux bos su.
Il au ra en va hi les plai nes.
Nous au rons po li leurs mi tai nes.
Vous au rez main te nu la for ce.
Ils au ront haï cet te a mor ce.

CONDITIONNEL

Présent.

Je sen ti rais mieux ces vé ri tés.
Tu com pa ti rais à mes bon tés.
Il pé ri rait les ar mes en main.
Nous a vi li rions un vrai Ro main.
Vous pâ li riez en le voyant.
Ils dé mo li raient ce de vant.

Passé.

J'au rais fi ni a vant An toi ne.
Tu au rais te nu la ro mai ne.
Il au rait ga ran ti vos voi les.
Nous au rions ra mol li les toi les.
Vous au riez sor ti ses poi res.
Ils au raient haï nos foi res.

On dit aussi :

J'eus se a guer ri la jeu nes se.
Tu eus ses ob te nu ma no bles se.
Il eût con sen ti à te re voir.
Nous eus sions con te nu ton pou voir.
Vous eus siez bâ ti sur la ri ve.
Ils eus sent pu ni leur con vi ve.

IMPÉRATIF.

Souf fre son in so len ce.
Pré ve nons sa ven gean ce.
Bâ tis sez-le sur le so li de.
A mor tis tout ce li qui de.
Par tons a près on ze heu res.
Ve nez dans nos tris tes de meu res.

SUBJONCTIF.

Présent.

Le roi at tend que je bâ tis se.
On veut tou jours que je po lis se.
Clé on dé si re que tu sen tes.
Au gus te ai me que tu men tes.
Ci cé ron veut qu'il gar nis se.
Tu sou hai tes qu'il pé ris se.
Lé on e xi ge que nous ve nions.
Il or don ne que nous te nions.
Bour bon at tend que vous bé nis siez.
El le ai me que vous co tis siez
Hen ri dé si re qu'ils ter nis sent.
Nous or don nons qu'ils re gar nis sent.

Imparfait.

Bru tus vou drait que je mu nis se.
Tu at ten dis que je fi nis se.
So cra te ai mait que tu sen tis ses.
Vic tor dé si ra que tu men tis ses.
Lu ce e xi geait qu'il bru nît.
El le sou hai te rait qu'il gar nît.

Je vou drais que nous fi nis sions.
On ai mait que nous par tis sions.
Cé sar e xi gea que vous vê tis siez.
Nous vou lions que vous pu nis siez.
Tu or don ne rais qu'ils ter nis sent.
Pom pée sou hai ta qu'ils mû ris sent.

Passé.

Il at ten dra que j'aie sa li.
Nu ma dé si re que j'aie pâ li.
On ai me que tu aies four ni.
Né ron veut que tu aies bru ni.
Je sou hai te qu'il ait nour ri.
Tu attends qu'il ait sou ri.
Il e xi ge que nous ayons co ti.
El le ai me que nous ayons bâ ti.
Lé on veut que vous ayez en va hi.
Ro se at tend que vous ayez ha ï.
Je dé si re qu'ils aient gar ni.
On sou hai te qu'ils aient ver ni.

Plus-que-parfait.

Jean vou lait que j'eus se men ti.
Il ai mait que j'eus se sen ti.

On dé si rait que tu eus ses fi ni.
Paul e xi geait que tu eus ses pu ni.
Nous or don nions qu'il eût po li.
Tu at ten dais qu'il eût sa li.
On vou lait que nous eus sions bâ ti.
Il ai mait que nous eus sions pâ ti.
Lu ce dé si rait que vous eus siez bru ni.
El le sou hai tait que vous eus siez ter ni.
Vous e xi giez qu'ils eus sent po li.
Tu at ten dais qu'ils eus sent pâ li.

FIN DE LA DEUXIÈME PARTIE.

TEMPS DE VERBES CONJUGUÉS INTERROGATIVEMENT.

Premier exemple.

Verbe avoir.

INDICATIF. —

Présent.	**Imparfait.**
Ai - je?	A vais - je?
As - tu?	A vais - tu?
A - t - il?	A vait - il?
A vons - nous?	A vions - nous?
A vez - vous?	A viez - vous?
Ont - ils?	A vaient - ils?

Deuxième exemple.

Verbe être.

INDICATIF. —

Présent.	**Imparfait.**
Suis - je?	É tais - je?
Es - tu?	É tais - tu?
Est - il?	É tait - il?
Sommes - nous?	É tions - nous?
Êtes - vous?	É tiez - vous?
Sont - ils?	É taient - ils?

Troisième exemple.

Ire CONJUGAISON.

INDICATIF.

Présent.	**Imparfait.**
Ai - mé - je ?	Ai mais - je?
Ai mes - tu?	Ai mais - tu?
Ai me - t - il?	Ai mait - il?
Ai mons - nous?	Ai mions - nous?
Ai mez - vous?	Ai miez - vous?
Ai ment - ils?	Ai maient - ils?

Quatrième exemple.

IIe CONJUGAISON.

INDICATIF.

Présent.	**Imparfait.**
Fi nis - je?	Fi nis sais - je?
Fi nis - tu?	Fi nis sais - tu?
Fi nit - il?	Fi nis sait - il?
Fi nis sons - nous?	Fi nis sions - nous?
Fi nis sez - vous?	Fi nis siez - vous?
Fi nis sent - ils?	Fi nis saient - ils?

Cinquième exemple.

IIIe CONJUGAISON.

INDICATIF. —

Présent.	**Imparfait.**
Re çois - je?	Re ce vais - je?
Re çois - tu?	Re ce vais - tu?
Re çoit - il?	Re ce vait - il?
Re ce vons - nous?	Re ce vions - nous?
Re ce vez - vous?	Re ce viez - vous?
Re çoi vent - ils?	Re ce vaient - ils?

Sixième exemple.

IVe CONJUGAISON.

INDICATIF. —

Présent.	**Imparfait.**
Rends - je?	Ren dais - je?
Rends - tu?	Ren dais - tu?
Rend - il?	Ren dait - il?
Ren dons - nous?	Ren dions - nous?
Ren dez - vous?	Ren diez - vous?
Ren dent - ils?	Ren daient - ils?

TEMPS DE VERBES CONJUGUÉS INTERROGATIVEMENT.

Premier exemple.

Verbe actif.

INDICATIF.

Présent.	**Imparfait.**
Ai mé - je?	Ai mais - je?
Ai mes - tu?	Ai mais - tu?
Ai me - t - il?	Ai mait - il?
Ai mons - nous?	Ai mions - nous?
Ai mez - vous?	Ai miez - vous?
Ai ment - ils?	Ai maient - ils?

Deuxième exemple.

Verbe neutre.

INDICATIF.

Présent.	**Imparfait.**
Mar ché - je?	Mar chais - je?
Mar ches - tu?	Mar chais - tu?
Mar che - t - il?	Mar chait - il?
Mar chons - nous?	Mar chions - nous?
Mar chez - vous?	Mar chiez - vous?
Mar chent - ils?	Mar chaient - ils?

Troisième exemple.

Verbe passif.

INDICATIF. —

Présent.	**Imparfait.**
Suis - je ai mé?	É tais - je ai mé?
Es - tu ai mé?	É tais - tu ai mé?
Est - il ai mé?	É tait - il ai mé?
Sommes - nous aimés?	É tions nous ai més?
É tes - vous ai més?	É tiez - vous ai més?
Sont - ils ai més?	É taient - ils ai més?

Quatrième exemple.

Verbe pronominal.

INDICATIF. —

Présent.	**Imparfait.**
Me pi qué - je?	Me pi quais - je?
Te pi ques - tu?	Te pi quais - tu?
Se pi que - t - il?	Se pi quait - il?
Nous pi quons - nous?	Nous pi quions - nous?
Vous pi quez - vous?	Vous pi quiez - vous?
Se pi quent - ils?	Se pi quaient - ils?

Cinquième exemple.

Verbe impersonnel.

INDICATIF.

Présent.	**Imparfait.**
Ton ne - t - il?	Ton nait - il?

Le quatrième volume de cet ouvrage renferme tous ces verbes conjugués non interrogativement et interrogativement, ainsi que le verbe unipersonnel *Être*, conjugué avec le pronom *ce*. Parmi tous ces verbes, les uns sont tous écrits au masculin, et les autres tous au féminin. Je suis étonné que cette manière de conjuguer ainsi toutes les classes de verbes n'ait pas encore été donnée pour modèle.

Si cet ouvrage est utile, s'il facilite un travail toujours ingrat et pénible, le publier, c'est rendre un service à la société. Cette publication n'eût pas été possible, sans les encouragements que j'ai reçus. J'éprouve le besoin de témoigner ici toute ma vive reconnaissance à M. LARDANOIS, colonel de la Garde municipale de Paris, à M. MUIDEBLED, chef d'escadron-major, à M. LELONG, lieutenant, et à MM. les sous-officiers BERNARD et POISSONNIER. Ils ont bien voulu encourager mes faibles essais, et me procurer les moyens de faire l'application de ma méthode dans une des écoles régimentaires de la Garde municipale de Paris. Les résultats que j'obtiens dans cette école et, qu'il est facile de vérifier, sont, j'ose l'espérer, une garantie de la bonté de cette méthode qui rend l'instruction élémentaire prompte, facile et agréable.

Si mes efforts sont payés de quelque succès, je poursuivrai la tâche que je me suis imposée : l'*Ecole des Enfants*, l'*Art de la Lecture*, la *Grammaire harmonieuse* et l'*Apprentissage de la Vie* feront suite à l'ouvrage dont je commence aujourd'hui la publication.

J'ai besoin de réclamer l'indulgence de mes lecteurs pour la faiblesse et le peu d'élégance de mon style. La position toujours obscure, souvent pénible, dans laquelle j'ai vécu, ne m'a pas permis de perfectionner par un travail régulier le peu de

www.ingramcontent.com/pod-product-compliance
Ingram Content Group UK Ltd.
Pitfield, Milton Keynes, MK11 3LW, UK
UKHW020232220726
13923UKWH00002B/618

9 782019 624118